Margot Käßmann

Geschwister der Bibel

Geschichten über Zwist und Liebe

HERDER

FREIBURG · BASEL · WIEN

Bibelstellen nach der revidierten Lutherbibel 2017

Lektorat: Elke Rutzenhöfer
Satz: Carsten Klein, Torgau

Herstellung: CPI books GmbH, Leck
Printed in Germany

ISBN Print 978-3-451-39414-0
ISBN E-Book 978-3-451-81661-1

Meinen Geschwistern gewidmet

Inhalt

Vorwort

Je älter ich werde, desto spannender finde ich das Thema Geschwister. Das ist offensichtlich kein individuelles, sondern ein verbreitetes Phänomen. Freundinnen und Freunde gehen, Geschwister bleiben, es ist in der Tat die längste Beziehung des Lebens. Sie prägt unsere gesamte Kindheit. Da gibt es große Liebe zueinander und große Konkurrenz, Solidarität und Abgrenzung, Zusammengehörigkeitsgefühl und Auseinandersetzung.

Erstaunlicherweise erzählen viele, dass die Geschwisterbeziehungen wieder enger werden, wenn wir alt werden, da wird die Bindung oft neu und positiv wiederentdeckt. Und ich denke, das rührt genau daher: Wenn die Eltern eines Tages verstorben sind, teilen wir nur noch mit unseren Geschwistern die Kindheitserinnerungen. Wir sind die letzten gemeinsamen Zeugen jener Jahre. Dabei können die Erinnerungen durchaus unterschiedlich sein. Hat der älteste Sohn die Eltern jung, dynamisch, verliebt gesehen, so hat der jüngste sie vielleicht als gestresst oder schon in Abgrenzung erlebt. War die erste Tochter der Mittelpunkt elterlicher Aufmerksamkeit, so wurde die dritte schlicht eingegliedert in ein schon vorhandenes System von Familie.

Als meine Schwestern und ich unsere Mutter beerdigt haben, hat mich die Übereinstimmung sehr bewegt. Wir hatten immer unsere normalen Konflikte und unterschiedliche Zeiten von Nähe und Distanz. Aber beim Sterben unserer Mutter waren wir ganz eng beieinander, sehr harmonisch, verbunden im Verlust dieser Frau, die uns alle von Geburt an geprägt hatte. Und wir haben unseren als Säugling verstorbenen Bruder erstmals mit Namen genannt, er war präsent wie selten zuvor. Wie gut, das gemeinsam zu erleben und ja, auch durchzustehen. Wie viele Kinder machen heute gar keine Geschwistererfahrung mehr! Sie sind allein in so einem existentiellen Abschied …

Ich finde interessant, dass in den vergangenen Jahren die Forschung mit Blick auf Geschwister intensiviert wurde. Sigmund Freud etwa hat Geschwisterbeziehungen in seiner Arbeit völlig ignoriert, obwohl sie doch so großen Einfluss auf das Leben von Menschen haben. »Inzwischen weiß man, dass Geschwister einen ebenso starken Einfluss auf die Seele eines Menschen haben wie die Eltern«, schreibt Susann Sitzler.[1] In ihrem ausführlichen Buch zu

---

1 Susann Sitzler, Geschwister. Die längste Beziehung des Lebens, Stuttgart 2014/2017, S. 14.

Geschwisterbeziehungen zeigt sie auf, wie eng die Verflechtungen in dieser Beziehung sind, die sich ein Leben
lang nicht lösen lässt. Geschwister sind für sie Zeugen
der Kindheit, erste Verhandlungspartner, sie können beste
Vertraute sein, aber auch »gezielter verletzen als alle anderen Menschen, oft ein Leben lang«[2].

Und in einer Ausgabe von »Psychologie Heute«, die sich
dem Geschwisterthema widmet, wird deutlich gemacht,
dass gar nicht so entscheidend ist, an welcher Stelle in
der Geschwisterfolge ein Kind steht. Lange hieß es, die
Erstgeborenen seien eher konservativ, die Sandwichkin-
der hätten Rollenfindungsprobleme, die Jüngsten seien
häufig rebellisch. Die neuere Forschung habe vielmehr
erwiesen: »Wie Eltern im Alltag auf ihre Kinder eingehen, ob sie Konkurrenz zulassen, ein Kind bevorzugen
oder auf eine faire und gerechte Behandlung aller achten,
ob sie jedem innerhalb der Familie feste Rollen weisen
oder Flexibilität fördern – das alles beeinflusst das Verhältnis der Geschwister untereinander.«[3]

Auch die Zeitschrift »Eltern« hat kürzlich dem Thema
Geschwister einen Schwerpunkt gewidmet.[4] Betont wird,
dass Geschwister zu haben zwar anstrengend ist, aber die
eigenen Entwicklungsmöglichkeiten wesentlich erwei-
tert. »Sie können unterschiedliche Rollen ausprobieren:
hilfsbereit, aggressiv, großzügig, neidisch. Wie komme ich

---

2 Ebd. S. 63.
3 Martin Hinz, Geschwister, in: Psychologie Heute 10/2018, S. 18ff.; S. 22.
4 Vgl. Geliebte Rivalen, in: Eltern 11/2018, S. 25ff.

an, wenn ich so bin oder so? Was steckt alles in mir?«[5] Dabei wird auch deutlich, dass gleichgeschlechtliche Konkurrenz größer ist, als wenn es um Geschwister unterschiedlichen Geschlechts geht.

Vor vielen Jahren habe ich ein Buch über die Mütter der Bibel geschrieben. Leserinnen und Leser haben zurückgemeldet, dass es für sie anregend war, diese Gestalten ganz neu oder überhaupt erst kennen zu lernen. Bei den Müttern stieß ich natürlich immer wieder auch auf die Kinder und die verschiedenen, sehr spannenden Geschwisterbeziehungen. Und so hat es mich fasziniert, einzusteigen in die biblischen Erzählungen. Gewiss, sie sind keine Sachberichte, es gibt keine Youtube-Videos. Aber es sind Erzählungen, die seit Jahrtausenden beeindrucken, weil Grundsätzliches zur Sprache kommt: Liebe und Hass, Hingabe und Gewalt. Ich habe die Geschichten in der Bibel noch einmal gelesen, viele Geschwister gefunden und erzähle nach. Mich fasziniert, wie tief Menschliches erzählt wird, schöne Beziehungen, aber auch bittere. Mir liegt daran, sie für uns heute zum Klingen zu bringen, indem ich versuche, sie in eine Beziehung zu unseren Erfahrungen, unserem Leben heute zu bringen. Denn das ist mir wichtig: Die Bibel ist kein Buch von gestern! In jeder Generation hat sie ihre Weisheit Menschen neu erschlossen. Was mich zudem fasziniert: Sie ist ein globalisiertes Buch. Wenn wir von Kain und Abel, Jakob und Esau, Maria, Martha und Lazarus sprechen, wissen Men-

---

5 Ebd. S. 28.

schen in Indonesien oder Tansania oder Brasilien sofort, um welche Geschichte es geht. Da sind wir dann Geschwister im Glauben.

Mir ist immer wieder die Bibel ein Buch der Inspiration. Ich lese darin und erfahre etwas über die Erfahrungen mit Gott, die meine Mütter und Väter im Glauben gemacht haben. Und die Geschichten lassen uns tiefe Einsichten teilen in die Grundkonstellationen von Beziehungen seit Menschengedenken.

Der Historiker Michael Wolffsohn hat mit Blick auf biblisches Erzählen erklärt, ein doppelter, ja mehrschichtiger Boden mache große Literatur aus und »das phänomenal, literarisch Phänomenale, also das Alte und Neue Testament, das sind literarische Meisterwerke unabhängig davon, ob man an den lieben Gott glaubt oder nicht«[6]. Es geht darum zu fragen, was uns diese alten Texte heute sagen können, ohne dass wir sie wortwörtlich nehmen. Und wenn wir mit Neugier auf sie zugehen, haben sie erstaunlich viel zu geben!

So habe ich im Folgenden zwanzig Geschwistergeschichten der Bibel nacherzählt und auf unsere Zeit heute bezogen. Manches hat mich dabei ganz neu berührt, etwa die Töchter Lots, die wohl schlicht sexuellen Missbrauch erlebt haben. Oder Ham, der seinen Vater nackt sieht –

---

6 Michael Wolffsohn im Gespräch mit Andreas Main über biblisches Erzählen, DLF 14.08.17

in Zeiten der Sensibilisierung für sexuelle Gewalt fallen neue Nuancen auf. Aber auch die Rollen der Mädchen in alten Zeiten und allzu oft heute in unserer Welt machen nachdenklich. Sie bleiben in der Bibel eine Nebenerzählung, Bedeutung haben die männlichen Nachkommen. Und doch, siehe Mirjam, spielen sie eine zentrale Rolle.

Mir hat es große Freude gemacht, Sem und Aaron und Dina nachzugehen, sie aus den Erzählungen der biblischen Bücher hervortreten zu lassen oder auch die Schwester des Paulus zu entdecken. So hoffe ich, dieses Buch macht Lust, auch einmal selbst wieder nachzulesen im Buch der Bücher.

Hannover, im Februar 2019
Margot Käßmann

Kain, Abel und Seth

Brüder, die Mord und Totschlag kennen

1. Mose 4ff.

Nach der biblischen Erzählung sind Kain und Abel die ersten Kinder der Menschheitsgeschichte überhaupt. Sie kennen keine Cousinen und Cousins, keine Freundinnen und Freunde. Gott hatte ihre Eltern Adam und Eva ja geschaffen, sie waren nicht geboren worden. Mir ist das eindrücklich klar geworden bei einer Erläuterung des Altarbildes der Marktkirche in Hannover. Adam und Eva werden ohne Bauchnabel dargestellt! Schon im 15. Jahrhundert hat sich darüber ein unbekannter Künstler Gedanken gemacht: Nicht geboren, von Gott unmittelbar erschaffen sind die beiden …

Die weitere Geschichte ist bekannt: Adam und Eva leben im Paradies, werden aber alsbald allzu neugierig und übertreten Gottes Gebot, nicht vom Baum der Erkenntnis zu essen. Daraufhin werden sie aus dem Paradies vertrieben. Gott kündigt an, dass der Mann nun mit Mühsal wird arbeiten müssen und die Frau mit Mühsal Kinder gebären. Das Paar wird aus dem Paradies vertrieben, allerdings nicht ohne dass Gott sie noch kleidet, damit sie Schutz haben im neuen Leben außerhalb des Paradieses.

Und so wird Eva Mutter zunächst von Kain und anschließend von Abel. Gehen wir nach der Bibel, waren Adam und sie völlig allein. Es gab keine Erfahrung mit dem Elternwerden, ja beide Eltern waren in höchstem Maße traumatisiert. Sie hatten ihre Sicherheit und Heimat im Paradies verloren, waren Vertriebene. Und sie waren in einem tiefen Schuldkonflikt verbunden oder eben auch zerrissen: Warum hast du auf die Schlange gehört? Warum hast du den Apfel genommen? Hätten wir es nicht viel besser, ganz anders machen können? Dazu die

Frage: Wie soll das alles gehen? Wir kennen uns nicht aus, wie soll ich uns ernähren, wie soll ich Kinder bekommen, ja, wie wollen wir Kinder erziehen?

Wir wissen heute, dass solche Traumata sich massiv auf die nächste, ja auch die folgenden Generationen auswirken. Die Verstörung und Unsicherheit der Eltern wirkt bewusst oder unbewusst, ausgesprochen oder unausgesprochen mitten in das Familienleben und die Beziehungen. Da hinein ist Kain geboren, das erste Kind der Bibel, ganz allein ist er zunächst mit den Eltern. Das ist Privileg und Drama aller Erstgeborenen: Für die Eltern sind sie etwas ganz Besonderes, sie stehen allein im Mittelpunkt der Aufmerksamkeit von Vater und Mutter, die beide noch keinerlei Erfahrung mit Kindererziehung haben.

Es heißt, Kain wird Ackermann. Will er das wohl, um seinem Vater besonders nachzueifern und zu gefallen, um Anerkennung zu finden? Oder ist es schlicht die offensichtliche Wahl? Das gibt es oft bei Söhnen: Der Vater war Pfarrer, sie werden Pfarrer, der Vater war Arzt, sie werden Arzt, der Vater war Journalist, so wird es auch der Sohn.

Und dann kommt die große Kränkung des Erstgeborenen: Der zweite Sohn kommt zur Welt. Heute wissen wir viel mehr darüber, was das bedeutet, als früher. Die älteren Geschwister werden vorbereitet, es wird viel dafür getan, die Geburt des zweiten Kindes nicht zur Entthronung des ersten werden zu lassen. Und doch ist es oft so, bis heute. Da haben sich die Eltern ständig um den Sohn gekümmert, zwei Erwachsenen ist das Wohl eines Kindes das Ein und Alles. Und das Kind sonnt sich in dieser ungeteilten Aufmerksamkeit, auch Kain wird ein kleiner

Kronprinz gewesen sein. Der zweite Sohn stört diese Harmonie. Eifersucht beginnt sich wie Gift einzuschleichen, ohne dass es dem Kind oder den Eltern bewusst ist. Das können wir auch heute beobachten. Da ist der so wirklich ganz und gar liebe Junge, der auf einmal, ganz aus Versehen, dem kleinen Bruder mit voller Wucht einen Ball entgegenwirft. Da ist die große Schwester, die mit spitzbübischer Freude dem Geschwisterkind das Lieblingsspielzeug wegnimmt, als die Eltern nicht hinschauen. Mit dem zweiten Kind kommt Neid ins Familienspiel.

Sehr klug von Abel oder auch den Eltern ist jedenfalls die Berufsentscheidung: Er wird nicht auch noch Ackermann, sondern schlägt eine andere Richtung ein: Schäfer. So kann eigentlich kein Wettstreit aufkommen zwischen den beiden, jeder hat einen eigenen Bereich, in dem er Kompetenz erwerben und sich beweisen kann. Doch das kann am Ende die Konkurrenzsituation nicht aus der Welt schaffen. Beide jungen Männer sind offenbar im Glauben und seinen Ritualen erzogen. Sie wollen besonders redlich sein und wetteifern nicht im Beruf, sondern um die Zuwendung Gottes. Sie bringen Gott Opfer, der eine von den Früchten des Feldes, der andere von seiner Herde. Nun heißt es in der Bibel, Gott habe Abels Opfer »gnädig angesehen«, Kains aber nicht. Was mag das bedeuten? Loderte die eine Flamme höher?

Wahrscheinlich ist das nur eine Empfindung. Der andere könnte bevorzugt werden, wenn nicht von den Eltern, dann von Gott. Kain jedenfalls wird wütend und senkt seinen Blick. Gott fragt ihn, warum er nicht frei den Blick erheben könnte. Das finde ich eine großartige Beschreibung. Wer wütend ist, zornig, wer Schlechtes im Sinn hat, kann in der Regel nicht offen auf Augenhöhe geradeaus schauen. »Wenn du fromm bist, so kannst du frei den Blick erheben«, sagt Gott zu Kain in dieser Geschichte. Das ist doch Tiefenpsychologie! Ein freier Mensch muss den Blick nicht senken! So frei haben sich Menschen sogar vor ungerechten Richtern gefühlt! Aber Kain ist nicht frei, in seinem Inneren gärt es, ja es brodelt die Eifersucht auf den Bruder bis hin zum Hass. Das ist wohl auch der Grund, warum Gott sein Opfer nicht annimmt. Es kommt nicht aus Liebe zu Gott, es geschieht nicht in aller Freiheit, sondern Kain bringt Gott aus Berechnung ein Opfer. In ihm tobt der Neid auf den Bruder, er will besser sein und will, dass Gott anerkennt, wie gut er ist. So sät hier nicht Gott den Zorn bei Kain, sondern er macht offensichtlich, wieviel Hass sich bei Kain angesammelt hat.

Kain empfindet das als erneute Zurückweisung. Er kann seine Gefühle nicht mehr beherrschen. So überredet er Abel, mit ihm aufs Feld zu kommen, und erschlägt ihn, seinen einzigen Bruder, der ihm offenbar unbedarft gefolgt ist. Das ist eine furchtbare Geschichte. So tief darf doch die Konkurrenz von Geschwistern nicht gehen! Gelegentlicher Neid, der natürlich ist, darf nicht zu solchem Hass werden. Dafür haben Eltern zu sorgen, denke ich. Sie müssen das doch spüren und früh Mediation, Vermittlung, Konfliktbewältigung einsetzen.

Interessanterweise verurteilt Gott Kain aber zunächst gar nicht, sondern fragt: »Wo ist dein Bruder Abel?« Gott weiß um die schreckliche Tat. Aber Kain sagt: »Soll ich meines Bruders Hüter sein?« Das sind für mich die elementaren Fragen der Menschheit. Es geht um Verantwortung füreinander. Ja, er hätte der Hüter seines kleinen Bruders sein müssen. Wie geht es den anderen in der Familie, aber auch in der Menschheitsfamilie, das müssen wir uns fragen lassen. Kain hat sich von Neid und Eifersucht zum Hass verführen lassen. Er ist zum Mörder seines Bruders geworden.

Und so wird Kain verflucht: »Unstet und flüchtig« wird sein Leben von nun an sein. Er hat deshalb Angst, andere könnten den Mord rächen. Gott aber machte »ein Zeichen an Kain«, das berühmte Kainsmal. Was genau es ist, weiß niemand. Anders als oft interpretiert, ist es nicht Zeichen einer Schuldzuweisung, sondern ein Schutzsymbol. Kain soll als Brudermörder geschützt sein vor Rache. Und gleichzeitig steht er als Warnung da für andere: Werdet nicht zu Mördern!

Die erste Familiengeschichte der Bibel ist damit aber noch nicht zu Ende. Eva wird einen weiteren Sohn gebären, Set. Und sie sieht ihn als Ersatz an für den erschlagenen Abel. Dieses Kind ist nun mit einer doppelten Traumatisierung belastet. Da ist zum einen die Vorgeschichte der Eltern und zum anderen der ermordete Bruder, den er ersetzen soll, dazu der vertriebene Bruder, der ein Mörder ist. Beide Brüder hat er nicht kennen gelernt, er kann nur aus den Erzählungen der Eltern ahnen, wer sie waren, was sich ereignet hat. Wie gern hätte er vielleicht mit Kain geredet, versucht, zu verstehen, was vor sich ging. Wie viele seiner Fragen werden nicht beantwortet und welche Ängste entstehen so. Was für eine Belastung! Und dazu noch diese immense Erwartungshaltung der Mutter!

Niemals kann ein Kind ein anderes ersetzen. Jedes Kind ist eine ganz eigene Person. Kinder aber, die geboren werden, nachdem ein anderes verstarb, werden stets eine besondere Last spüren. Offenbar übertragen Adam und Eva all ihre Liebe und all ihre Erwartungen auf dieses Kind. Von Kains Verbleib ist in der Bibel nichts mehr zu erfahren. Set aber wird als Stammvater benannt, der viele Söhne und Töchter zeugte …

Sem, Ham und Jafet

Brüder, die in schwerer Zeit zusammenhalten

1. Mose 6,5ff.

Noah hatte drei Söhne. Sem, Ham und Jafet. Die drei scheinen in großer Harmonie miteinander und mit den Eltern zu leben. In der Bibel wird erzählt, dass Gott zornig wurde über die Bosheit der Menschen. Es reute ihn, dass er sie überhaupt erschaffen hatte, und er plante, alles zu vernichten. Aber da ist Noah mit seiner Familie. Der ist ein frommer Mann, an der ganzen Familie hat Gott im Grunde nichts auszusetzen.Gott hat offensichtlich so etwas wie ein schlechtes Gewissen: Die kann ich doch nicht einfach ertrinken lassen. Und so gibt Gott Noah den Auftrag, ein großes Schiff zu bauen, seine Frau, seine drei Söhne und deren Frauen sowie je sieben Paare von den reinen und ein Paar von den unreinen Tieren mitzunehmen.

Die Geschichte ist weltweit bekannt, eine Legende. Aber wenn wir sie uns real vorstellen: Wie war das wohl? Haben die Nachbarn gelacht: Noah, du Idiot, was soll dieser Schiffsbau, haha, ist doch alles trocken!? Hat Noah mit den Söhnen am Tisch gesessen und diskutiert: Ich verstehe Gott so, was denkt ihr? Haben die Söhne gesagt: Vater, wir machen uns einfach nur lächerlich? Haben seine Frau und seine Schwiegertöchter zugestimmt oder Zweifel geäußert? Nichts davon erzählt die Bibel. Aber es ist eine großartige Geschichte, die der Fantasie freien Lauf lässt.

Vor vielen Jahren habe ich einmal in Korea eine Bibelarbeit zur Sintflutgeschichte halten sollen. Meine Töchter hatten ein wunderbares Bilderbuch dazu. Ich habe die Bilder abfotografiert und als Dias gezeigt. Ein Foto hat zu großem Gelächter geführt. Darauf zu sehen sind Noahs

Frau und Schwiegertöchter, die oben auf der Arche an großen Leinen Wäsche aufhängen, die im Wind flattert. Und das ist ja auch ein richtiger Gedanke: Es gab Alltag auf der Arche, Waschen, Kochen, Putzen! Mich hat geärgert, dass die vier Frauen namenlos bleiben in der Bibel. Geben wir ihnen also Namen, es gibt so wunderbare Namen in biblischer Tradition. Nennen wir die Frau Noahs Naomi und die drei Schwiegertöchter Rahel, Judith und Ruth.

Ob sie Angst hatten, die Ehefrau und die Schwiegertöchter? Wie sie sich wohl verstanden haben, die drei Söhne? Ich stelle mir das jedenfalls sehr spannungsvoll vor. Der Vater hat merkwürdige Ideen. Die Brüder werden untereinander überlegt haben: Wie weit geht denn die Unterordnung unter Vaters Pläne? Bleiben wir besser hier, es geht uns doch gut! Oder war es ganz anders und sie haben gesagt: Vater, das ist eine tolle Idee. Wir vertrauen dir, du wirst den richtigen Plan haben. Und dann haben sie mit Noah gezimmert und gehämmert und überlegt, was alles an Bord muss. Solche Geschichten gibt es ja auch.

Zu meinem sechzigsten Geburtstag haben Freunde, Schwiegersöhne, Onkel, Neffen ein großes Zelt aufgestellt. »Ein Projekt« eben, es war zu sehen, dass ihnen das Ganze trotz aller Anstrengung auch Spaß gemacht hat. Männerrituale gab es natürlich auch, ein Bier zum Richtfest sozusagen. Männer, die gern und mit Lust und Präzision etwas miteinander leisten, verbindet so etwas offenbar auf eine besondere Weise. Im Grunde gefällt mir die Vorstellung, der Bau der Arche könnte in großer Harmonie geschehen sein. Denn das gibt es ja: Ein Familie grenzt sich nach außen ab und das schweißt sie nach innen besonders zusammen.

Und die vier beteiligten Frauen? Vielleicht hat Naomi gesagt, sie fühlt sich zu alt für solche Abenteuer. Nehmen wir es positiv und sie hat ein gutes Verhältnis zu ihren drei Schwiegertöchtern. Warum eigentlich soll es da immer Stress geben? Eine Schwiegermutter sagte mir mal, ich hätte es leicht, weil ich ja lauter Schwiegersöhne habe, das sei immer harmonisch. Aber warum soll es nicht auch gut gehen, wenn eine Mutter sich freut, welch eine patente Frau ihr Sohn gefunden hat? Und warum sollen sich die Schwiegertöchter untereinander nicht verstehen? Vielleicht haben die vier Frauen das Ganze ja auch als ihr »Projekt« gesehen. Sie haben überlegt, was sie an Bord brauchen. Nicht zu viel, aber auch nicht zu wenig. Da muss überlegt werden, was lange hält, wer was kochen kann. Und ja auch, wo und wie die Wäsche gewaschen wird auf der Arche. Da muss ein von den Tieren abgetrennter Bereich her. Und was, wenn eine schwanger wird? So scheint es nicht gewesen zu sein, in der Erzählung jedenfalls werden die Kinder von Sem, Ham und Jafet erst nach der Landung im Trockenen geboren. Aber so ein Schiff voller Tiere und Menschen birgt ja auch wenig Raum für Intimität …

Ich finde, wir könnten das Ganze mal als harmonisches Miteinander betrachten, wenn auch voller Anspannung. Es gibt Abgrenzung nach Außen, weil sie nicht verstanden, ja gar verlacht werden. Und sicher gibt es auch Trennungsschmerz, denn Naomi, Rahel, Judith und Ruth lassen ja ihre Herkunftsfamilien zurück. Und dann: Die Enge auf dem Schiff ist sicher nicht leicht zu ertragen, die Ungewissheit auch nicht. Auf tosender See in einem Schiff eingeschlossen, da werden Urängste in Menschen wach. Und da sind Konflikte vorprogrammiert, wie es viele Familien erleben, die in einer Notsituation auf engstem Raum zusammenleben müssen. Aber offenbar ist da ein gemeinsames Gottvertrauen, dass die acht Menschen alle miteinander durch die Fluten trägt. Ein schönes Bild …

Der Ausgang der Sintflutgeschichte ist bekannt. Nach langer Reise trocknet das Wasser und Noah kann mit seiner Familie die Arche verlassen. Unter dem Regenbogen richtet Gott einen Bund auf: Nie mehr will er die Erde vernichten. Noah und seine Familie werden gesegnet, sie sollen fruchtbar sein und sich mehren.

Und das tun sie in der Tat. Nach der Bibel stammen alle Völker der Erde von den drei Söhnen Noahs ab. Der älteste, Sem, wird fünf Söhne haben: Elam, Assur, Arpachschad, Lud und Aram. Daraus wurde abgeleitet, dass Hebräer, Aramäer, Araber und Äthiopier semitische Völker sind. Ham hatte vier Söhne, Kusch, Mizrajim, Put und Kanaan. In der Auslegungstradition gilt er als Stammvater der schwarzafrikanischen Völker. Und Jafet hatte Gomer, Magog, Madai, Jawan, Tubal, Meschech und Tiras als Söhne. Hieraus leitet die Tradition die asiatischen Völker ab. Auch hier wiederum werden keine Töchter genannt, Frauennamen kommen nicht vor.

Eine interessante Geschichte wird noch erzählt über die Söhne Noahs. Laut biblischer Erzählung wurde Noah zum ersten Weinbauern der Menschheitsgeschichte. Eines

Tages lag er betrunken und nackt im Zelt. Ham sah das und informierte seine Brüder Sem und Jafet. Was heißt das wohl? Hat er sich über den betrunkenen nackten Vater lustig gemacht? Die anderen Brüder jedenfalls nahmen ein Kleidungsstück, gingen rückwärts ins Zelt und bedeckten den Vater. Scham und Respekt wollen sie so offenbar bekunden. Später erzählen sie Noah, was vorgefallen ist. Dass Ham ihn nackt sah, empört ihn so sehr, dass er dessen Sohn Kanaan verflucht. Warum ihn? Warum nicht Ham? Seinen Söhnen Sem und Jafet spricht Noah anschließend seinen Segen zu.

Auch eine merkwürdige Geschichte, oder? Manche Interpreten meinen, es gehe hier um Inzest, entweder mit der Mutter oder auch mit dem Vater. Wieder andere spekulieren, Ham habe seinen Vater Noah, aus Rache, weil der ihn vergewaltigt hatte, kastriert. Auch hier viel Raum für Fantasie und Spekulation. Ich habe einer Therapeutin davon erzählt und sie hielt es für sehr wahrscheinlich, dass im Hintergrund eine Missbrauchsgeschichte steht. Oft würden solche Themen in Familien in umschreibende Geschichten verpackt, weil es zu schmerzhaft wäre, die brutale Realität in Worte zu fassen. Und warum, meinte sie, wurde die Geschichte weitererzählt, wenn sie nicht eine ganz elementare Bedeutung hatte?

Auf jeden Fall nutzten manche Rassisten diese Geschichte der Verfluchung des jüngsten Sohnes von Ham als Rechtfertigung der Versklavung von Menschen schwarzer Hautfarbe durch Menschen weißer Hautfarbe. Schwarze (Hamiten) würden mit der Sklaverei den Fluch erdulden, um so doch noch ins Himmelreich zu gelangen. Der Mensch muss schon krude um sechs Ecken herum denken, um so etwas zu konstruieren, finde ich!

Auf jeden Fall haben diese drei Brüder viel miteinander erlebt, existentielle Lebensangst, Neuanfang in der Fremde und innerfamiliäre Konflikte. In der Bibel gelten sie als Stammväter aller Völker der Erde, denn sie waren mit ihren Frauen ja die ersten, die wieder Kinder zeugten nach der großen Flut.

Ismael und Isaak

Brüder im Ringen um die Vormachtstellung beim Vater

1. Mose 12ff.

Es gibt Kinder, die lernen einander kaum kennen. Aber die Verflechtungen ihrer Eltern beeinflussen sie ein Leben lang. Dafür sind Ismael und Isaak ein altes biblisches Beispiel.

Abraham oder, wie er in neuen Übersetzungen genannt wird, Abram, ist ein Nachfahre Sems und heiratet eine Frau namens Sarai. Die beiden meistern viele Herausforderungen, fliehen vor einer Hungersnot nach Ägypten, leben dort als Wirtschaftsflüchtlinge. Nach vielen Wirrungen ziehen sie zurück in das Land, das ihnen – so verstehen sie Gott – verheißen ist. Abraham kämpft für seinen Neffen Lot, am Ende ist er ein reicher Mann. Aber all das kann nicht darüber hinweg trösten, dass Sarai keine Kinder bekommt.

Für eine Frau ist es eine große Tragödie, nicht schwanger werden zu können, wenn sie es sich so sehr wünscht. In biblischen Zeiten wurde das stets der Frau angelastet, es war ihr Makel. Dass auch Männer unter Oligospermie leiden, zeugungsunfähig oder impotent sind, wurde nicht thematisiert. Es heißt schlicht: »Sarai war unfruchtbar.« (1. Mose 12,30) Was für ein Schmerz, eine Demütigung. Eine kinderlose Frau sagte mir einmal, sie verstehe jetzt erst den Begriff »taube Nuss«, so fühle sie sich, wie eine Hülle, die keine Frucht trägt.

Es ist gut nachvollziehbar, wie belastend das für die Ehe war. Sarai wird als sehr schön geschildert, offenbar haben sie und Abram eine gute Beziehung, sie sind ein Team, auch in schwierigen Zeiten. Aber aus Schilderungen von Frauen und Männern wissen wir, dass ein solches Hoffen auf ein Kind, die ständige Enttäuschung, das

Bangen und Warten eine Beziehung massiv belastet. Sarai will nicht, dass ihr alles entgleitet, dass sie nur passiv erduldet, kein Kind zu bekommen. Sie will unbedingt das Heft des Handelns in der Hand behalten. Deshalb fordert sie Abram auf, ein Kind mit ihrer Magd Hagar zu zeugen. Dabei ist Magd ein beschönigender Begriff. Hagar war Sklavin, sie hatte nichts zu sagen, im Grunde geht es um eine Vergewaltigung mit Zustimmung der Ehefrau. Nach ihrem Willen wird Hagar nicht gefragt.

Eine für uns unvorstellbare Situation, oder? Heute gibt es Kinderwunschzentren, Invitrofertilisation et cetera. Aber, habe ich gedacht, vielleicht können wir das ja auch als so eine Art Leihmutterschaft sehen. Eine trägt für die andere das Kind aus. Dass das ethisch nicht einfach ist, ist klar. Manche tun so, als sei Leihmutterschaft lapidar, Routine sozusagen. Aber es gibt viele Geschichten darüber, was es bedeutet, das Kind, das du neun Monate ausgetragen hast, abzugeben. Und was es für das Kind bedeutet, eines Tages damit konfrontiert zu sein, dass die Mutter, die es stets für die eigene gehalten hat, nicht die Frau ist, die es ausgetragen hat. Selbst wenn es die Eizelle der Mutter ist, biologisch also klar ist, wer die Mutter ist, dann ist doch auch im 21. Jahrhundert die Phase der Schwangerschaft eine ganz eigene.

Aber im Fall von Sarai geht es nicht so aus, dass sie dieses Kind, das geboren wird, als ihres betrachtet. Denn tatsächlich wird Hagar schwanger und die Machtverhältnisse ändern sich: Ich bin schwanger und du nicht! Stolz trägt Hagar ihren sichtbar fruchtbaren Leib vor sich her. Damit ist natürlich auch klar: An Abram liegt es nicht, dass das Paar kein Kind bekommt. Hagar ist schwanger mit dem Kind Abrams!

Sarai empfindet das als tiefe Demütigung. Ja, sie hat es so gewollt. Aber sie wollte doch nicht, dass Hagar jetzt hochmütig daher kommt. So beklagt Sarai sich bei Abram über Hagars Verhalten – von großer Frauensolidarität ist hier keine Rede. Abram will mit den Auseinandersetzungen der Frauen nichts zu tun haben. Er erklärt, Sarai könne mit der Sklavin tun, was sie wolle. Und nun demütigt Sarai ihrerseits Hagar massiv. Die ist in der klar schwächeren Situation und will fliehen, denn das hält sie nicht aus. Der Stolz über die Schwangerschaft schwindet. Als sie weggeht, wird sie aber von einem Engel zurückgeschickt, sie solle sich in die Situation fügen. Sie geht zurück, erduldet ihre Situation und bringt ihren Sohn Ismael zur Welt.

Isamel wächst im Hause seines Vaters auf, es wird erzählt, dass er mit dreizehn Jahren beschnitten wird (1. Mose 17,25); ein Jugendlicher ist er also inzwischen, Sohn einer Sklavin, aber eben auch Sohn des reichen Abram. Stolz wird er darauf gewesen sein und seine Mutter mit ihm. Der Alleinerbe, der Augapfel seines Vaters sicher auch, der den einzigen Sohn geliebt und verwöhnt haben wird.

In diese Situation platzt die Botschaft, dass Sarai doch noch schwanger werden wird. Immer wieder hatte Gott das versprochen, doch nun erscheinen drei Männer, die das vorhersagen. Sarai lacht, Abram kann es nicht recht glauben, aber doch: Sarai wird im hohen Alter noch schwanger und bringt einen Sohn zur Welt, Isaak.

Da aber kocht der Konflikt wieder hoch. Sarai will nicht, dass der Sohn der Sklavin Erbe wird wie ihr Sohn. Eifersucht und Neid nagen an ihr und sie fordert von ihrem Mann, dass er seinen älteren Sohn wegschickt. Abram kommt in eine schwierige Situation, ihm gefällt nicht, was Sarai fordert, er liebt ja beide Söhne. Am Ende vertraut er darauf, dass Gott Mutter und Sohn schützen wird. So gibt er Hagar Brot und Wasser und schickt sie mit dem Jungen in die Wüste, im wahrsten Sinne des Wortes.

Hagar verzweifelt, das Wasser geht ihr aus, sie hat Angst, dass ihr Sohn stirbt. Da kommt ein Engel und ermutigt sie: Du wirst nicht sterben, der Junge auch nicht, er wird zu einem großen Volk werden. Und so überleben sie in der Wüste, Ismael wird zum Mann, heiratet eine Ägypterin. Dann verliert sich seine Spur.

Zwei Brüder also, die denselben Vater haben, aber zwei sehr unterschiedliche Mütter. Die eine »Ägypterin«, heute würden wir sagen, sie gibt dem Jungen einen Migrationshintergrund, und zudem Sklavin, Magd, jedenfalls von niedrigem sozialen Status. Sie war Objekt seiner Zeugung, nicht die Liebesbeziehung des Vaters. Das hat den Jungen geprägt. Wir wissen heute, dass schon in der Schwangerschaft die Gefühle der Mutter das Kind beeinflusst haben.

Und so wird es auch gewesen sein, als sie stolz war auf die Schwangerschaft und dann erschüttert von der Demütigung, vor der sie vom Vater ihres Kindes nicht geschützt wurde. Offenbar aber konnte Ismael aufwachsen als einziger Sohn seines Vaters, das hat ihn geprägt, ihm Selbstbewusstsein gegeben. Als Gott erklärt, zum Zeichen des Bundes mit ihm sollten alle Jungen und Männer beschnitten werden, lässt sich sein Vater am selben Tag mit dem Sohn die Vorhaut beschneiden. So etwas verbindet, ja stolz wird er gewesen sein, Ismael, der gerade ein junger Mann wird.

Und dann wird Sarai schwanger. Eine tiefe Erschütterung für Hagar, aber auch für Ismael. Seine Stellung ist ab sofort in Frage gestellt, er wird nie mehr der einzige Erbe sein, ja vielleicht gar kein Erbe mehr. Dieser Säugling Isaak wird beiden, Hagar und Ismael, verhasst sein, er zerstört die Illusion, dass alles gut werden könnte, sie die Familie von Abram sind und Sarai daneben steht und stört.

Es kommt wie in einer Tragödie. Abram hält nicht zu seinem ältesten Sohn, sondern beugt sich den Hasstiraden seiner Frau, vielleicht um endlich Ruhe zu finden. Die Vertreibung durch den Vater muss Ismael durch und durch verstört haben.

Aber Ismael muss haben, was wir heute Resilienz nennen, eine tiefe innere Widerstandskraft. Vielleicht ist sie entstanden durch den Stolz der Mutter in der Schwangerschaft oder die Zuneigung des Vaters in seinen frühen Jahren. Er wird eine Ägypterin heiraten und mit ihr zwölf Söhne gebären – ja, eine symbolische Zahl. Diese Söhne gelten als die Stammväter der arabischen Völker. Eine seiner Töchter, Mahalat, wird später Esau heiraten, einen der Söhne Isaaks. Die Verbindungen also bleiben eng, »man weiß voneinander«.

Und Isaak? Er war zu klein, um die Geschichte ernsthaft wahrzunehmen. Wurde sie erzählt unter den Sklavinnen und Sklaven? Hat er davon gehört, dass er einen großen Bruder hat? Er wird das vergötterte Kind seiner Mutter gewesen sein, die so lange auf einen Sohn gewartet hat. Auch sein Vater hat ihn gewiss geliebt, auch wenn es die Geschichte von Isaaks Opferung gibt – traumatisierend sicher. Vielleicht hat er immer wieder davon geträumt, seinen großen Bruder zu treffen, gehofft sogar, der könne ihn aus der Enge der Vater-Mutter-Kind-Beziehung befreien.

Und ja, die beiden Brüder treffen sich schließlich anlässlich der Beerdigung des Vaters. Das finde ich sehr anrührend. Es heißt in der Bibel: »Und es begruben ihn seine Söhne Isaak und Ismael.« (1. Mose 25,9) Wusste Isaak also, wo Ismael zu finden war, hat er ihn benachrichtigt? Sarai war inzwischen verstorben, Abram hatte ein zweites Mal geheiratet und mit ihr noch sechs Söhne gehabt. Die aber werden bei der Beerdigung nicht erwähnt. Das heißt doch wohl, dass diese beiden älteren Söhne, je einziger Sohn ihrer Mutter, durch die besondere Geschichte verbunden waren. Ich möchte es gern so sehen. Sie haben den Neid, ja Hass zwischen ihren Müttern überwunden und Frieden gefunden miteinander am Grab ihres Vaters.

Lots Töchter

Schwestern, die sexuelle Gewalt erfahren

1. Mose 19ff.

L ots Töchter kennen wir nicht mit Namen. Das Schicksal teilen sie mit vielen Frauen in der Bibel. Ihre Geschichten werden von Männern erzählt und in ihren Erzählungen haben Männer Namen und Bedeutung, Frauen sind schlicht Tochter von oder Frau von. Das macht sie anonym, wie ein Stück Besitz. Namen stehen für Identität, für Besonderheit, nennen wir die beiden Töchter von Lot also Naomi und Deborah.

Die beiden jungen Frauen verbindet eine furchtbare Erfahrung. Ihr Vater Lot lädt eines Tages zwei Männer in sein Haus ein, die in die Stadt Sodom gekommen sind. Engel seien sie, heißt es in der Bibel, Boten Gottes. Und Vater Lot will gastfreundlich sein. Da erscheint plötzlich ein Mob vor Lots Haus. Die grölende Menge verlangt, die Männer herauszugeben, um sie zu vergewaltigen! Warum, ist die große Frage, was soll das? Die einzig einigermaßen logische Erklärung, die ich je gefunden habe, ist, dass in Sodom Sexualität eine große Rolle spielte. Es ging offenbar drunter und drüber, Regeln, Sitte und Anstand wurden nicht eingehalten. Da waren die beiden Fremden sozusagen »Frischfleisch«, mal etwas Neues. Das erinnert übel an manches Bordell heute. Oder hatte irgendein Gerücht den Mob aufgestachelt? Auch das kennen wir heute immer wieder: Einer setzt etwas in die Welt und andere machen mit, plötzlich ist da eine Empörung, der kaum noch Grenzen gesetzt werden können.

Die Menschen im Haus sind völlig verängstigt. Was soll Lot tun? Das Gastrecht ist ihm heilig, Gäste sind unbedingt zu schützen. So schlägt Lot der Menschenmenge vor dem Haus vor, ihnen statt der Männer seine beiden Töchter auszuliefern, die noch unberührt seien.

Was die Bibel da in kurzen Worten beschreibt, ist eine unfassbare, brutale Szene, wenn wir sie uns vor Augen führen. Wie mögen sich die beiden jungen Frauen gefühlt haben? Zunächst hatten sie sicher große Angst angesichts des Mobs überhaupt. Lot selbst war als Fremder in die Stadt Sodom gezogen. Zwar war seine Frau eine Einheimische, aber als Zugezogene gilt die Familie insgesamt, sie sind Leute, die etwas abseits stehen. Vielleicht war es auch so, dass Lot sich abgrenzte, weil er Gottes Geboten folgen wollte und sich der so sexualisierten Gesellschaft in Sodom nicht anpassen wollte. Aber dann will der Vater die Töchter herausgeben? Wie durch ein Wunder schafft es Lot zurück ins Haus, niemand wird vergewaltigt, er kann sich mit seinen Gästen und seiner Familie im Haus verschanzen. Doch der Schock wird bleiben. Das Vaterbild der Töchter wird zutiefst erschüttert sein. Er hat nicht alles getan, um sie zu schützen, sondern hätte sie statt der Gäste ausgeliefert.

Es ist interessant, dass männliche Exegeten immer wieder erklärt haben, dass das Gastrecht in jener Zeit schlicht höher stand als der Schutz der Töchter, man müsse das im Rahmen der Zeit verstehen. Oder aber es wird gesagt, Lot habe ja nur zeigen wollen, dass es so schlimm dann doch nicht um die Sodomiter bestellt sei, er war sicher, dass sie dieses Angebot gewiss nicht annehmen würden. Erst als Frauen beginnen, die Bibel auszulegen, wird das Empörende an der Situation deutlich: Warum stellt sich der Vater nicht vor seine Töchter? Das ist doch keine Frage des Zeitgeistes, sondern normaler Impuls der Eltern!

Oder stimmt in dieser Familie etwas ganz und gar nicht? Die Geschichte jedenfalls geht auf unfassbare Weise weiter. Die beiden Engel oder Boten, die Gäste jedenfalls, machen klar, dass Sodom von Gott zerstört werden wird. Sie drängen Lot, mit Frau und Töchtern zu fliehen. Lots Frau hält sich nicht an die Vorgabe, auf der Flucht nicht zurückzuschauen, und erstarrt zur Salzsäule. Sodom wird zerstört. Lot aber zieht sich mit seinen Töchtern in eine Höhle zurück. Dort, so erzählt die Bibel, sorgen Naomi und Deborah an zwei Nächten hintereinander dafür, dass der Vater betrunken ist, und bringen ihn dazu, sie beide zu schwängern. Die Söhne, die geboren werden, Moab und Ben-Ammi, Kinder des Inzest, werden die Stammväter der Moabiter und Ammoniter, zweier Völker, mit denen Israel verfeindet ist. Manche vermuten, dass die skandalöse Herkunftserzählung diese Feindschaft begründen soll.

Stellen wir uns die beiden Mädchen vor, Naomi und Deborah. Elf, zwölf oder dreizehn Jahre werden sie alt gewesen sein, mit zwölf galten Mädchen als heiratsfähig und sie waren offenbar bereits zwei jungen Männern versprochen. Diese hatte Lot gefragt, ob sie mit ihnen fliehen wollen. Kommt ein zwölfjähriges Mädchen auf die Idee, sich vom Vater schwängern zu lassen? Ich finde, das riecht doch geradezu nach einer konstruierten Geschichte nach dem Motto: Die Tochter hat den Vater doch geradezu verführt, er ist nicht schuld an der Situation. Oder: Er hat es ja eigentlich gar nicht gewollt, es hat sich so ergeben, die Mutter war nicht da.

Naomi und Deborah verbindet eine Leidensgeschichte. Sie wachsen in einer Umgebung auf, in der sie

sich fremd fühlen, zu Fremden gemacht werden. Ihre
Mutter stammt aus Sodom, sie wird sich zuhause gefühlt
haben. So wird die Bindung an den Vater besonders eng,
sie sind eine Schicksalsgemeinschaft. In neueren Ausle-
gungen wird immer öfter gefragt, ob es hier nicht um
einen geradezu klassischen Fall von Missbrauch geht.
Der Vater bindet die Töchter besonders an sich. Sie sind
eine verschworene Gemeinschaft. Er demonstriert geradezu die Macht über ihr Leben. Einer Menge zwei
»Unberührte« zur Verfügung zu stellen, löst sexuelle Fantasien aus. Vielleicht waren Naomi und Deborah zwar
nicht verheiratet, doch längst vom Vater »berührt«, missbraucht, geschändet. Die Mutter ist ausgeschlossen aus
dem Dreierbündnis, ja sie sehnt sich zurück nach Sodom, sie will gar nicht gehen – und stirbt. Jetzt sind die
Mädchen dem Vater vollends ausgeliefert, leben abseits
jeder sozialen Kontrolle. Sie werden schwanger. Inzest
galt auch in jenen Zeiten als Tabu. Also wird erklärt: Sie
haben den armen betrunkenen Vater verführt, weil sie
unbedingt Kinder wollten. Und so werden sie doppelt
zum Opfer, erst ihres Vaters, dann der Gesellschaft, die
ihnen nicht glaubt. Genau diese Erfahrung machen viele
Missbrauchsopfer heute.

Das einzig Tröstliche für mich an dieser furchtbaren
Geschichte ist, dass die beiden Schwestern nicht völlig
allein sind, sie haben einander. Das gilt angesichts der
Angst, der Vater könnte sie dem tobenden Mob auslie-
fern. Sie werden sich an den Händen gehalten haben, sich
in den Arm genommen und miteinander geweint haben.
Und es gilt auch angesichts des Missbrauchs des Vaters.

Sie können zumindest miteinander reden, Worte finden für das Grauen, das sie erleben. Wir wissen spätestens aus der #Metoo-Debatte, wie viele Mädchen und Frauen schweigen, weil sie Angst haben, eingeschüchtert werden. Wir wissen von Missbrauchsopfern, dass ihnen nicht geglaubt wird, sie sich zurückziehen, sie in Depressionen fallen.

Am Ende ist die Geschichte von Naomi und Deborah eine Geschichte des Machtmissbrauchs. Sie werden doppelt und dreifach zu Opfern. Zuerst nutzt der Vater seine Macht und ist offenbar ohne große Bedenken bereit, die eigenen Töchter der Gruppenvergewaltigung preiszugeben. Dann missbraucht er selbst sie, schwängert beide. Und schließlich werden sie von der biblischen Erzählung zu Täterinnen gemacht. Wer Bilder von ihnen sieht, etwa von Brueghel oder Tintoretto, muss feststellen, dass sie als Verführerinnen gezeichnet werden, barbusig, dem Vater Wein einflößend. Hat das für manche auch etwas mit »geilen« Fantasien zu tun?

Naomi und Deborah sind zwei Mädchen oder auch junge Frauen, die eine Leidensgeschichte teilen. Sie sind für ihr Leben gezeichnet und durch die biblische Erzählung für alle Zeit als Verführerinnen des Vaters gebrandmarkt. Er gilt als das Opfer, als unschuldig. Ich kann mir vorstellen, dass es für Missbrauchsopfer schwer erträglich ist, diese Geschichte in der Bibel zu lesen. Deshalb ist es gut, den Frauen Namen zu geben. Es geht darum, klarzustellen, dass es allzu leicht ist, Lot zu entschuldigen. Er hätte sie schützen müssen, hätte dafür sorgen müssen, dass sie eigene Familien gründen können, nachdem sie ihre Mutter und ihre Zukunft in Sodom verloren haben. Und offenbar hatten die beiden Schwestern die Kraft, nach dem Missbrauch weiterzuleben, ihre Söhne groß zu ziehen.

Rebekka und Laban

Bruder und Schwester im Spannungsfeld

Eine interessante Geschichte: Abram schickt einen Knecht in das Land seiner Herkunft, um eine Frau für seinen Sohn Isaak zu suchen. Er will nicht, dass seine Schwiegertochter aus Kanaan stammt, dem Land, in das er einst gezogen ist. Nein, von »Zuhause« soll sie kommen. Ein bisschen erinnert das in unserem Kontext an Familien, die vor langer Zeit aus der Türkei nach Deutschland eingewandert sind, sich aber nun eine Schwiegertochter aus der alten Heimat wünschen. Was Isaak davon hält, davon erzählt die Bibel nichts.

Der Knecht, der trotz seiner offenbar bedeutenden Vertrauensstellung namenlos bleibt, wird mit vielen Kamelen und Geschenken ausgestattet. So macht er sich auf den Weg nach Mesopotamien – unvorstellbar, oder? Er soll einfach so eine Frau suchen? Kennt er Isaak gut genug? Oder ist das alles egal, Hauptsache die Herkunft der Frau stimmt?

In der Stadt Nahor lagert der Knecht sich beim Brunnen, um die Frauen anzuschauen, die dort Wasser holen. Ein bisschen nach Heiratsmarkt klingt das. Und dorthin kommt nun auch Rebekka, die ihm sofort gut gefällt. Als der Knecht Rebekka anspricht, zeigt sich, dass sie auch noch zur weiteren Verwandtschaft Abrams gehört, ein gutes Omen offenbar. Sie erweist sich zudem als freundlich und höflich, holt Wasser für den Knecht und seine Kamele. Er fragt ein wenig nach, aus welchen konkreten Verhältnissen sie stammt, und schenkt ihr schließlich kostbaren Schmuck aus Gold. Meine Güte, das geht aber schnell, oder?

Rebekka läuft nach Hause. Aufgeregt wird sie gewesen sein. Was war denn das? Sie zeigt den Goldschmuck ihrem

Bruder Laban – hätte sie so ein Geschenk überhaupt annehmen dürfen? Das ist alles richtig kostbar, oder? Laban sieht das Gold – klingt das nicht wie ein Kaufangebot? So geht das aber nicht. Ein Fremder kann seiner Schwester nicht einfach Schmuck schenken! Er läuft zum Brunnen und lädt den fremden Mann sofort zu sich nach Hause ein. Die Kamele werden ihm abgenommen, er kann sich waschen, ihm wird ein gutes Essen vorgesetzt. Warum macht Laban das?

Vor dem Essen will der Knecht in Ruhe sein Anliegen vorbringen. Laban und sein Vater Betuel sagen offenbar sofort: Du kannst Rebekka gern mitnehmen! Bruder und Vater werden sich handelseinig mit dem Boten, der Reichtum verheißt. Daraufhin verteilt der Besucher noch einmal eine Runde kostbarer Geschenke an alle. Wenn wir das heute lesen, hört sich das an wie ein Deal, bei dem die Betroffene überhaupt nicht im Blick ist. Der Bruder übernimmt dabei die Mittlerrolle für die Schwester. Am nächsten Morgen, immerhin, fragen der Bruder und die Mutter von Rebekka den Knecht, ob sie nicht später nachkommen könne. Das passt dem Knecht Abrams nicht, er will seine Aufgabe erfolgreich zum Abschluss bringen. So wird Rebekka gerufen und sie willigt ein, mit diesem Mann und seinem Gefolge in die Fremde zu ziehen, immerhin begleitet von ihrer Amme und einigen Mägden.

Was für ein mutiges Mädchen! Und was ist das für ein Verhältnis zum Bruder? Er sieht das Gold und läuft gleich zum Brunnen. Warum? Will er endlich die Schwester unter die Haube bekommen? Oder wittert er einen »guten Deal«? Oder will er als beschützender Bruder lieber genau hinschauen, wen Rebekka da getroffen hat, ob das gut ist für sie? Susann Sitzler schreibt: »Geschwister zu sein ist nie nur privat, sondern hat immer auch eine offizielle Funktion. Als Beziehungskonzept hat es in jeder Kultur Gültigkeit.«[7]

Der große Bruder hat für viele Mädchen eine wichtige Rolle gespielt, in allen Kulturen, als Beschützer, aber auch als Bestimmer, der die Schwester dominieren will und Entscheidungen für sie im eigenen Interesse trifft. Große Brüder, die meinen, sie könnten die »Ehre« der Schwester bewachen, gab es auch in Deutschland in der Vergangenheit. Nachdem die Frauen sich aus den engen gesellschaftlichen Rollenzuweisungen befreit haben, kennen wir sie inzwischen wieder durch Zuwandererfamilien. So genannte »Ehrenmorde« erschüttern uns dann. Sie entstammen einer kulturellen Vorstellung, die ein Selbstbestimmungsrecht von Frauen nicht kennt.

Natürlich kann auch das eine Motivation Labans gewesen sein: Der Fremde am Brunnen, der meine Schwester angesprochen hat, der riecht nach Geld. Er gibt ihr einfach so einen goldenen Ring, zwei goldene Armreife – das könnte für uns alle eine in finanzieller Hinsicht supergute Verbindung werden! Damit sind doch die Heiratschancen für Rebekka hier vor Ort nicht zu vergleichen.

Oder er findet es merkwürdig, dass ein fremder Mann seiner Schwester kostbare Geschenke macht. Was will dieser Mensch von Rebekka? Laban geht hin, um das

---

7 Sitzler, a.a.O., S. 86

Rebekka und Laban

zu klären, seine Schwester zu schützen, indem er diese merkwürdige Begegnung aus dem Geheimnisvollen ans Licht holt.

Oder aber er ist einfach nur neugierig und gastfreundlich, geht hin zu dem Fremden, lädt ihn ein ins Haus, um herauszufinden, was der Fremde hier will, ja von seiner Schwester erwartet. Woher kommt der Mann, was sind die Verbindungen, was die Motive?

Warum aber willigt Rebekka so schnell ein? Will sie vielleicht so schnell wie möglich fliehen vor diesem Bruder, der sie derart dominiert? Ein paar Tage möchte die Familie ja offenbar noch heraushandeln für sie, aber das lehnt sie ab. Hat Laban ihr das Leben schwer gemacht, sie vielleicht gar bedrängt?

Aber Bruder-Schwester-Beziehungen sind nicht nur schwierig, sie können auch großartig und sehr innig sein. Ich kenne Schwestern, die es toll fanden, mit dem großen Bruder auszugehen. Sie konnten sich ausprobieren, wussten aber, dass er im Notfall als Beschützer im Hintergrund war. Und ich kenne große Brüder, die sich gefreut haben, dass die kleine Schwester ihn mitgenommen hat, weil er sich sonst gar nicht getraut hätte, in diese Disko oder jenen Film zu gehen.

Die Fortsetzung der Geschichte von Rebekka und Laban in der nächsten Generation spricht dafür, dass zwischen den beiden großes Vertrauen herrschte. Als Jakob, Rebekkas Sohn, mit ihrer Hilfe den Segen des Vaters gegen seinen Bruder Esau erschleicht und dieser sagt, er wolle Jakob umbringen, schickt sie ihn zu ihrem Bruder Laban, damit der in Sicherheit ist. Die beiden sind einander offenbar tief verbunden. In größter Not weiß Rebekka: Auf Laban ist Verlass, dorthin kann sie ihr Kind schicken. Das lässt die Geschichte der Brautwerbung rückwirkend in einem eigenen Licht erscheinen. Laban wollte wohl schlicht darauf achten, dass seine Schwester »in gute Hände« kommt, dass niemand mit ihr spielt und sei es durch Goldgeschenke.

Auch das ist ja wichtig unter Geschwistern: Sie kennen sich gut. Sie können vielleicht eher als die Eltern warnen vor einer problematischen Beziehung. Wenn Vater oder Mutter sagen: Lass lieber die Finger von ihm, das wird nicht gut ausgehen für dich, rebellieren Kinder eher und gehen die Beziehung erst recht ein, um sich abzugrenzen. Die Vertrautheit mit Schwester oder Bruder auf Augenhöhe kann da andere Möglichkeiten eröffnen, Rat ernst zu nehmen, genau hinzuschauen.

Die Familie segnet Rebekka und sie zieht mit ihrer Amme und einigen Mägden mit dem Knecht auf einem Kamel in die Südlande. Dort trifft sie auf Isaak, er führt sie in das Zelt seiner verstorbenen Mutter und es heißt: »Sie wurde seine Frau und er gewann sie lieb.« So wurde quasi aus einer arrangierten Ehe eine Liebesehe – was für eine schöne Geschichte.

Und als letzten Satz lesen wir: »Also wurde Isaak getröstet über seine Mutter.« Ist das schwierig? Nein, denke ich. Rebekka ersetzt Isaak ja nicht seine Mutter. Aber wie gern hätte Sarai das sicher noch miterlebt, dieses Glück ihres einzigen, so spät geborenen Sohnes. Und wie gern hätte der Sohn sein Glück der Mutter gezeigt. Die Söhne von Lady Diana haben das bei ihren Heiraten gezeigt.

Symbolisch war über den Ring oder eine Geste die Mutter präsent. Ich finde das anrührend: Die Söhne wollen zeigen, dass die verstorbene Mutter nicht vergessen ist und sie ihr Glück mit ihrer Frau symbolisch mit der Mutter teilen. Auch hier Geschwister, zwei Brüder, die einander besonders verbunden sind.

Rebekka und Laban aber scheinen Schwester und Bruder auf Augenhöhe zu sein. Zwischen ihnen herrscht Vertrauen, sie können sich aufeinander verlassen. Das klingt in allen schwierigen biblischen Beziehungen nach einer richtig guten positiven Verbundenheit.

Jakob und Esau

Zwillinge – eine ganz besondere Beziehung

1. Mose 25ff.

Jakob und Esau sind berühmte Zwillinge der Bibel. Alle Eltern, die Zwillinge haben, wissen, was für eine sehr besondere Konstellation das ist. Zum einen müssen diese Kinder von vornherein die Aufmerksamkeit der Eltern teilen. Und die Eltern sind ungeheuer gefordert, beiden irgendwie gerecht zu werden. Es gibt eineiige Zwillinge, die derart eng verbunden sind, dass selbst die Eltern für sie emotional an zweiter Stelle stehen. Und es gibt zwei-eiige Zwillinge, die derart verschieden sind, dass kaum jemand sie für Geschwister halten würde. Und doch: Es gibt wohl keine engere Beziehung als diese, denn schon vorgeburtlich sind beide Kinder verbunden und sie kennen keine Kindheit, kein Leben ohne einander.

Nun ist es noch gar nicht lange her, da wussten Frauen gar nicht, dass sie mit Zwillingen schwanger waren. Dann war die Geburt eine große Überraschung − oder ein großer Schock! In der Bibel wird erzählt, dass es lange dauerte, bis Rebekka schwanger wurde. Dann aber rumorte es heftig in ihrem Leib, sie hatte schon das Gefühl, es stimmt etwas nicht. Es heißt, Gott habe ihr angesichts ihrer Unruhe vorhergesagt, dass es Zwillinge werden. Ob das schlicht eine Ahnung war, weil es einfach nicht sein konnte, dass ein einzelnes Kind sich so bewegt? Die Mutter spürt ja hier den Kopf, da ein Bein. Mag sein, dass Rebekka schlicht vorab klar war: Das ist nicht nur ein Kind.

Bei der Geburt ist der erste Sohn rötlich, behaart, sie nennen ihn Esau. Sein Bruder kommt direkt hinterher und hält offenbar die Ferse des Bruders in der Hand, sie nennen ihn Jakob. Was für ein Glück: Zwei gesunde Jungen! Jede Geburt hat ihre Gefährdungen, bei Zwillingen sind sie besonders groß. Kommen sie zu früh zur Welt, hält die Schwangerschaft lange genug? Hat das zweite Kind genug Sauerstoff? Wie glücklich werden Isaak und Rebekka gewesen sein, nach so langem Warten zwei gesunde Söhne in den Armen zu halten!

Und dann entwickeln sich die beiden auf je eigene Art. Eineiig sind sie ja nicht, sie haben ihre je besonderen Begabungen. Esau wird Jäger, er ist von der Wesensart her der Draufgänger. Jakob ist eher ein ruhiger Typ, der gern zuhause bleibt. Und mit den unterschiedlichen Charaktereigenschaften der Söhne verteilt sich nach und nach auch die Liebe der Eltern. Isaak mag Esau besonders, er findet toll, wie der jagt, und isst gern mit ihm. Eine Art Männerbündnis entsteht. Rebekka gefällt, dass Jakob so an ihr hängt, so häuslich ist, und so liebt sie den ruhigen Jungen mehr als seinen lebhaften Bruder.

Esau kam als erster zur Welt, so gebührt ihm das Erstgeburtsrecht, das einige Privilegien in der Familie mit sich brachte. Einmal, als er müde nach Hause kommt, hat Jakob gerade gekocht. Esau hat Hunger, Jakob aber sagt, er könne nur essen, wenn er ihm dafür das Erstgeburtsrecht gebe. Esau ist so etwas relativ egal, er gibt das Recht lässig dahin, heißt es. Das lässt sich gut nachvollziehen. Ein junger Mann mit dem Gefühl: Mir gehört die Welt. Jetzt hab ich Hunger, der Rest ist mir doch egal.

Aber zum Erstgeburtsrecht muss noch der väterliche Segen kommen. Als Isaak im Sterben liegt, sagt er Esau, er solle jagen gehen, ihm ein Essen kochen und dann wolle er ihn segnen. Das hört Rebekka und tut nun alles, um ihrem Lieblingssohn dieses Privileg zukommen zu lassen.

Sie wird gewusst haben, dass Esau leichtfertig sein Recht verkauft hat. Das hat ihr Jakob gewiss erzählt, vertraut wie die beiden sind. Und so kocht Rebekka ein Essen, hält Jakob an, die Kleider seines Bruders anzuziehen. Der todkranke Isaak ahnt nichts Böses. Er lässt sich täuschen und segnet den falschen Sohn.

Es ist eine List, eine Lüge, ja eine richtig bösartige Intrige, die die Mutter da inszeniert! Als Esau schließlich zurückkommt, begreift Isaak zu seinem Entsetzen den eigenen Fehler. Esau weint, er kann es nicht fassen, so betrogen worden zu sein von seinem Zwillingsbruder. So schwört er Rache, sobald sein Vater gestorben sein wird. Rebekka hört auch das, es war eng in den Zelten damals. Ja, sie mag auch geahnt haben, wie tief der Verrat Esau treffen muss − und auch ihren Mann. Sie begreift: Jakob muss weg hier, es wird im wahrsten Sinne Mord und Totschlag geben, sobald Isaak stirbt. Sie will den Lieblingssohn schützen und bringt Isaak dazu, Jakob zu ihrem Bruder Laban zu schicken. Ihr Vorwand ist, dass auch er seine Braut nicht in Kanaan suchen soll, sondern in der alten Heimat wie einst der Vater.

Eine traurige Geschichte, finde ich. Niemals sollten Eltern die Liebe so verteilen. Offen gestanden kann ich das auch nicht nachvollziehen. Es gibt bei mehreren Kindern sicher Zeiten, in denen ein Kind mehr Zuwendung braucht als die anderen, weil es sich in einer besonders schwierigen Situation befindet. Aber definitiv zu sagen, dass du ein Kind mehr liebst als die anderen, das sät Unfrieden. Ich kann es mir aber auch kaum vorstellen. Eine Mutter, ein Vater lieben doch alle ihre Kinder, wenn sie nicht selbst ein Problem haben! Ein Kind zum Liebling zu erklären, wird immer den Familienfrieden stören.

Wenn dann auch noch der Vater das eine, die Mutter das andere Kind bevorzugt, sagt das ja auch etwas über die Beziehung der Eltern zueinander. Da wird ein Machtkampf über die Kinder ausgetragen. Und das ist immer ein Drama! Es sind dann Sätze wie: »Ich hab dich besonders lieb, dem Papa sagen wir aber nichts davon!« oder: »Wir beide sind Verbündete, Mama und die anderen gehören nicht dazu«, die Kinder benutzen, um zu rächen, was in der Ehe schief läuft. Ein grausames Spiel der Erwachsenen auf Kosten der Kinder!

Mir tun Esau und Jakob leid. Sie hätten sich ja ergänzen können in ihrer Verschiedenheit. Esau ist die ganze Sache mit dem Erstgeburtsrecht ja offensichtlich egal, vielleicht wäre es mit dem Segen des Vaters auch so gewesen. Jakob und er hätten sich einigen können, den Segen gemeinsam zu empfangen. Es ist die Mutter, die hier Zwiespalt sät, wo Gemeinsamkeit schon vorgeburtlich gegeben ist. Esaus Zorn ist gut zu verstehen. Er wurde hinterhältig betrogen, ja auch bloßgestellt als Depp, der nicht rechtzeitig mit der Mahlzeit für den Vater da ist. Grausam auch, was Rebekka ihrem sterbenden Mann antut. O ja, diese Beziehung stimmt ganz und gar nicht.

Jakob flieht schließlich zu Rebekkas Bruder Laban. Er wird seine eigene schwierige Familiengeschichte erleben. Esau folgt ebenfalls dem Wunsch des Vaters, keine Frau aus Kanaan zu heiraten. Er geht zu Vaters Halbbruder Ismael und heiratet Mahalat, dessen Tochter. Viele Jahre werden die Brüder sich nicht begegnen. Aber so, wie ich Zwillinge kenne, haben sie gewiss oft aneinander gedacht, voneinander geträumt, sich wohl auch nacheinander, nach dieser besonderen Nähe gesehnt.

Und dann kommt der Tag, an dem eine Begegnung unausweichlich ist. Jakob ist aufgebrochen von seinem Schwiegervater mit der ganzen Familie, um einen eigenen Ort zum Leben zu finden, möglichst zuhause. Er schickt Boten aus, um Esau zu fragen, ob ihm das recht wäre. Die Boten bringen die Nachricht, dass Esau ihm entgegenzieht mit vierhundert Männern. Es heißt: »Da fürchtete sich Jakob sehr und ihm ward bange.« (32,8) Alles läuft auf Konfrontation hinaus und Jakob weiß sehr wohl, dass er schuldig ist, dass er betrogen und belogen hat. Er versucht, seine Familie zu schützen, geht vor und verneigt sich schuldbewusst vor dem Bruder. Dann kommt, wie ich finde, einer der schönsten Verse der Bibel: »Esau aber lief ihm entgegen und herzte ihn und fiel ihm um den Hals und küsste ihn, und sie weinten.« (33,4) Das ist doch über all die Jahrtausende hinweg anrührend! Jakob hat Esau betrogen. Aber die Liebe dieser beiden Zwillinge zueinander konnte das nicht zerstören. Da ist eine solche Verbundenheit miteinander, so eine Trauer, nicht mehr zusammen zu sein, so viel gemeinsame Lebenszeit verpasst zu haben, dass die Männer sich in die Arme nehmen und weinen. Was für eine wunderbare Geschichte von Versöhnung ohne viele Worte, von Versöhnung, die es in Familien nach aller Auseinandersetzung und allem Streit eben auch geben kann.

Ich bin überzeugt, dass Familienbande wirklich stärker sind als andere Beziehungen. »Blut ist dicker als Wasser«

ist ein lapidarer Spruch, der aber für diese tiefe Erkenntnis steht. Geschwister können sich entzweien, können sich tief verletzen, gerade weil sie sich so gut kennen. Sie können sich entfremden über die Jahre, in denen sie auf die eigene Familie konzentriert sind. Aber dieses tiefe, elementare Band der Kindheit, das bei Zwillingen besonders stark ist, kann all das nicht zerstören. In der Not können sie sich aufeinander verlassen. Und im Alter werden die Kindheitskonflikte schwächer im Verhältnis zu der Wertschätzung des Glücks, einen Bruder, eine Schwester zu haben. Da bedarf es nicht mehr vieler Worte über die Vergangenheit oder das Vergeben erlittener Kränkung. Was zählt, ist die Freude, einander zu haben. Das ist über all die Jahrtausende hinweg bei Jakob und Esau zu spüren.

Lea und Rahel

Ein Wettstreit im Gebären

1. Mose 29ff.

Die Geschichte von Lea und Rahel ist geprägt von Liebe und Eifersucht, Demütigung und frühem Tod. Zwei Schwestern, die denselben Mann lieben, ja beide mit ihm verheiratet sind. Ihr gemeinsames Leben ist geprägt von tiefer Eifersucht und endet jäh mit dem frühen Tod der jüngeren.

Doch beginnen wir am Anfang der Geschichte: Jakob reist nach Osten zu Laban, dem Bruder seiner Mutter. Einerseits sucht er Schutz vor dem Zorn seines Zwillingsbruders Esau, den er um den väterlichen Segen betrogen hat. Andererseits sucht er, mit dem Segen des Vaters, eine Frau. An einem Brunnen angekommen, fragt er, ob jemand Laban kenne. Ihm wird gesagt: Da kommt gerade seine Tochter Rahel! Jakob ist auf einmal ganz emotional. Er küsst Rahel und beginnt zu weinen. Wie ist das zu verstehen? Liebe auf den ersten Blick? Ja, vielleicht. Aber vielleicht ist es auch diese Freude, ja, Entlastung, angekommen zu sein. Er hat es geschafft, ganz allein, die Eltern und den Bruder zu verlassen, Angst hatte er, so weit ist er noch nie gereist. Und jetzt ist die Zuflucht in Sichtweite. Jakob ist einfach nur erleichtert, hier ist Familie, hier kann ich bleiben.

Rahel läuft schnell zu ihrem Vater und Laban kommt sofort, nimmt den Neffen in den Arm. Er freut sich, dass der Junge da ist. Das ist wie ein Gruß von der Schwester, der er sich sehr verbunden fühlt. Jakob wird im Haus aufgenommen und beteiligt sich nach Kräften an der Arbeit, die anfällt. Nach einem Monat sagt Laban: Du sollst hier als Verwandter ja nicht umsonst arbeiten, was wünschst du dir? Jakob aber hat sich längst in Rahel verliebt und erklärt, er würde sieben Jahre für Laban arbeiten, wenn er sie heiraten dürfte. Laban stimmt gern zu und Jakob liebt Rahel so sehr, dass er kaum merkt, wie diese Jahre vergehen.

Laban aber hat zwei Töchter. Es heißt: »Leas Augen warten sanft. Rahel aber war schön von Gestalt und von Angesicht.« (29,17) Oje, da ist ja auch zwischen den Schwestern von Anfang an Konkurrenz. Die eine ist lieb, die andere schön, um es auf eine Kurzformel zu bringen. Das gibt es oft in Familien, solche Zuschreibungen: brav, kratzbürstig, sanftmütig, bockig. Da wird ein Kind festgelegt auf eine Charaktereigenschaft, obwohl das vielleicht wahrhaftig nicht die einzige ist. Übrigens ist »sanft« eine neue Zuschreibung für Lea durch die revidierte Lutherübersetzung 2017! In früheren Übersetzungen stand statt »sanft«: »ohne Glanz«. In der katholischen Einheitsübersetzung heißt es, ihre Augen seien »matt«. In der Bibel in gerechter Sprache dagegen sind ihre Augen »zärtlich«. So wird deutlich, was eine Übersetzung bereits an Interpretation mit sich bringt. Lea wurde durch die Übersetzungen oft als hässlich hingestellt, während sich das auch ganz anders sehen und übersetzen lässt …

Nach sieben Jahren soll es nun endlich zur Hochzeit kommen, ein großes Fest wird ausgerichtet. Laban aber ist unter Druck, denn es ist Sitte und Brauch, dass erst die ältere Tochter heiraten muss. Er denkt nach, überlegt, was er tun kann, und ersinnt am Ende eine List, oder sagen wir, einen handfesten, schlimmen Betrug. Er schiebt unter dem Schleier bei der Trauung Jakob seine Tochter Lea unter. Was für eine Zumutung für Jakob! Und was für eine Demütigung muss das für Lea gewesen sein! Jakob schläft mit ihr und begreift erst hinterher, dass es nicht die Frau ist, auf die er sieben Jahre gewartet hat. Gut, Lea hat dem ganzen Drama wohl zugestimmt. Aber hatte sie eine Wahl? Der Vater wird genug Druck ausgeübt haben: Entweder du machst mit oder deine Ehre ist dahin …

Jakob ist verständlicherweise empört und Laban schlägt einen Deal vor: Eine Hochzeitswoche hältst du mit Lea durch, dann bekommst du Rahel dazu, musst aber weitere sieben Jahre für mich arbeiten. Jakob lässt sich darauf ein, er liebt Rahel, alles will er tun, damit sie seine Frau wird. Aber das weitere Drama ist vorprogrammiert, wenn es in der Bibel lapidar heißt: »Jakob hatte Rahel lieber als Lea.« (29,30)

Wie furchtbar muss Lea sich gefühlt haben. Sie wurde ihrem Mann geradezu untergeschoben. Und jetzt kommt die Schwester dazu, um die es Jakob ja eigentlich ging. Wäre Jakob mit ihr weggezogen, hätten sie sich finden können als Paar, aber so ist Rahel immer da. Verliebt werden sie sich anschauen, Jakob und sie. Und Lea? Steht daneben. Eine tägliche Demütigung.

Aber dann kommt Leas große Stärke zum Tragen: Sie wird leicht schwanger. Ganz offensichtlich schläft Jakob jedenfalls regelmäßig mit ihr. Und so kommt erst Ruben zur Welt und sie hofft, dass Jakob sie nun lieben wird. Das ist auch so, als sie Simeon das Leben schenkt und danach Levi und dann Juda. Vier Söhne. Inzwischen fühlt sich Rahel ihrerseits gedemütigt. Sie wird und wird nicht schwanger. Das hält sie kaum aus, dieses Kinderglück der Schwester. Das hat nun sie ja tagtäglich vor Augen und fühlt sich ihrerseits gedemütigt.

In ihrer Not bittet Rahel ihren Mann, ihre Magd Bilha zu schwängern. Auf ihrem Schoß soll Bilha gebären, damit deren Kinder wie Rahels Kinder sind. Und Bilha wird schwanger, erst wird Dan, anschließend Naftali geboren. Jakob schläft also mit seinen beiden Ehefrauen, der Sklavin der einen und jetzt will auch Lea weiter mithalten und ihre Magd Silpa muss mit Jakob schlafen. Sie bringt Gad zur Welt, danach Asser. Der Wettstreit des Gebärens geht immer weiter. Lea erkauft sich von Rahel geradezu eine Nacht mit Jakob, wird wieder schwanger und bringt erst Issachar, danach Sebulon und schließlich ihre Tochter Dina zur Welt.

Da endlich wird auch Rahel selbst schwanger und wird Mutter von Josef. Sie ist überglücklich und Josef wird zum verwöhnten Lieblingssohn Jakobs. In der Familie gärt es, das kann sich jeder und jede vorstellen. Aber das Leben scheint es jetzt gut zu meinen mit Rahel, sie wird ein zweites Mal schwanger, was für ein Glück. Doch ihre zweite Schwangerschaft endet tragisch, Rahel stirbt bei der Geburt ihres Sohnes Benjamin.

Wie es wohl den Schwestern innerlich geht? Ob Rahel auf dem Sterbebett hofft, dass ihre ältere Schwester für ihre beiden Söhne, vor allem für den Neugeborenen, sorgen wird? Weint Lea, weil sie so viel Zeit mit Konkurrenz verbracht haben und so wenig Zeit miteinander und füreinander? War der eine Mann es wert, dass sie sich so viel gegenseitig angetan haben? Und war es nicht absurd, auch noch die Mägde einzubinden?

Es gibt eine Stelle in der großen Jakobgeschichte, in der sich zeigt, dass die beiden Schwestern doch auch Solidarität kennen. Jakob hat ihrem Vater Laban lange genug gedient und will nun fortziehen. Laban aber und auch seine Söhne sind neidisch auf den Reichtum, den Jakob sich erworben hat. Jakob ist sichtbar für alle gesegnet nicht nur mit vielen Kindern, sondern auch mit Vieh und anderer Habe. Jakob merkt nach und nach, dass sich etwas gegen ihn zusammenbraut. Er bespricht das offenbar mit seinen Ehefrauen und beide, Lea und Rahel, unterstützen ihn in dem Plan, heimlich fortzuziehen. Denn sie sagen, ihr Vater Laban habe sie schließlich verkauft und den Kaufpreis für sich behalten, indem Jakob ihm dienen musste. Was Jakob jetzt erwirtschaftet hat, das sehen sie auch als ihr Erbe an, und zwar gemeinsam. Das ist beachtlich, es zeigt Solidarität bei allem Streit.

Jakob flieht also mit seiner ganzen großen Familie heimlich und will sich etwas Neues aufbauen in dem Land, aus dem er einst geflohen ist. Laban jagt der geflüchteten Familie hinterher. Doch als er sie einholt, schließen sie Frieden. Laban verabschiedet sich von seinen Töchtern und Enkeln, segnet sie und reist wieder nach Hause. In dieser Beziehung ist also Versöhnung und Frieden eingekehrt. Vielleicht ist das ja inzwischen auch zwischen Lea und Rahel so. Die ganze große Kinderschar ist eine Familie. Und Rahel hat vielleicht auch ihre Nichte und die Neffen lieb gewonnen, die täglich um sie sind, mit denen ihr Sohn Joseph spielt, ebenso die vier Söhne der Mägde. So wird es Lea geschmerzt haben, als ihre kleine Schwester stirbt. Ein trauriger Abschied, der auch zeigt, wie absurd es war, durch möglichst viele Geburten die Gunst des Mannes zu erreichen, die andere zu übertrumpfen. Am Ende sind sie Schwestern, die wissen, wie schwer die Schwangerschaften zu tragen sind. Sie haben beide erlebt, was es heißt, wenn die Sklavin ein Kind vom eigenen Ehemann bekommt. Auch wenn das gewollt war, ohne Gefühle geht das nicht ab. Und sie wissen um die Verletzbarkeit des Lebens, Kinder fallen, sie werden krank, die Sorge um sie wird sie verbunden haben. Das alles wurde ja damals auf sehr, sehr engem Raum gelebt. Dass sie gemeinsam Jakob ermutigen, wegzuziehen in ein anderes Land, die Enge beim Vater Laban zu verlassen, ein eigenständiges Leben als Großfamilie aufzubauen, zeigt, dass alle Konkurrenz um den Ehemann das Gefühl des Miteinander nicht zerstört hat. Die Schwester ist immer noch die Schwester …

Ger, Onan und Schela

Ersatzkind für den verstorbenen Bruder?

Juda, einer der Söhne von Jakob und Lea, heiratet Schua, mit der er zwei Söhne hat, Ger und Onan. Ger, der ältere, heiratet eine Frau namens Tamar, wie es heißt vermittelt durch den Vater. Stolz wird er gewesen sein. Er ist der älteste, der erste, der heiratet. Seine Brüder werden ihn beneidet haben. Jetzt kann Sexualität endlich ausgelebt werden, das ist besonders in einer Gesellschaft, die keinen vorehelichen Geschlechtsverkehr gutheißt. Ger hat jetzt eine Frau, super! Ob sie gefragt haben, die jüngeren Brüder: Wie ist das so, wie fühlst du dich?

Aber anders als erwartet wird das ganze zur Tragödie. Ger stirbt bald nach der Hochzeit und noch bevor seine Frau schwanger wird. Das ist furchtbar für die junge Frau. Sie verliert nicht nur ihren Mann, sondern auch ihren Status, indem sie so früh Witwe wird ohne eigene Kinder. Schlimm ist der Verlust auch für Juda, denn er möchte Kinder von seinem Erstgeborenen. Das Recht ist so wichtig, die Kinder des Erstgeborenen haben so eine große Bedeutung. Juda kann sich nicht einfach über die Regeln seiner Gemeinschaft hinweg setzen.

Nach der Zeit der Trauer um Ger nimmt Juda seinen zweiten Sohn Onan in die Pflicht. Er solle mit Tamar schlafen, damit sie schwanger wird. Eine solche »Schwagerehe« war geltendes Recht damals. Die Witwe hatte Anspruch darauf, dass die Familie ihres verstorbenen Mannes ihr zu Nachwuchs verhilft, damit sie nicht durch Kinderlosigkeit gedemütigt zurückbleibt. Und auch Juda würde so zu Kindern seines ältesten Sohnes kommen, um alle Erbschaftsfragen in guter Tradition zu klären.

Ein von Onan mit Tamar gezeugtes Kind würde als

Gers Kind gelten und das Erbe des Erstgeborenen antreten können. Onan will dem eigenen Bruder aber nicht auf diese Weise zu Nachkommen verhelfen. Alles in ihm wehrt sich dagegen. Eigene Kinder mit einer eigenen Frau will er eines Tages haben. Und die würden dann ja alle Rechte erben. Warum sollte er sich hergeben für so ein merkwürdiges altertümliches Verfahren?

Also überlegt Onan einen Ausweg. Was er tut, würden wir heute coitus interruptus nennen: Er schläft wie vom Vater gefordert mit Tamar, unterbricht den Sex aber vor dem Samenerguss. In der Bibel wird das so ausgedrückt: »Er ließ es auf die Erde fallen und verderben, wenn er einging zu seines Bruders Frau, auf dass er seinem Bruder nicht Nachkommen schaffe.« (38,9) Jetzt muss erst einmal festgehalten werden: Das ist nicht Onanie, die nach diesem armen jüngeren Bruder Gers benannt wurde. Er befriedigt sich nicht selbst, sondern er schläft mit der Frau seines Bruders, weil er vom Vater und vom Recht damals dazu verpflichtet wird. Aber er will mit dieser Frau keine Kinder zeugen und so verhütet er schlicht auf natürliche Weise.

Was ist das wohl für ein Gefühl, dem toten Bruder Nachwuchs verschaffen zu sollen? Wir haben keinerlei Anhaltspunkt dazu, wie das Verhältnis der Brüder Ger und Onan zueinander war. Vielleicht hat Onan getrauert um seinen großen Bruder, gerade in Kindheit und Jugend ist doch neben aller natürlichen Konkurrenz auch Bewunderung da für den Älteren. Doch in diese Trauer kommt nun der väterliche Befehl, dessen Witwe zu schwängern. Vielleicht mochte Onan Tamar schlicht nicht, weil die ihm als Ehefrau den Bruder genommen hatte? Vielleicht hätte er auch die eigene Sexualität gern ganz anders erprobt als mit so einer merkwürdigen Pflichtaufgabe? Wir wissen es nicht, es bleibt viel Raum, über die Gefühle des jungen Mannes zu spekulieren.

Und Tamar? Auch sie wird nicht gerade Lust gehabt haben, mit dem kleinen Bruder ihres gerade erst verstorbenen Mannes zu schlafen. Es geht um pure Pflicht gegenüber der Familie. Und bei Tamar in ihrer Zeit geht es auch um die Angst davor, ohne Kinder alt zu werden. Bliebe sie kinderlose Witwe, würde sie den Respekt ihres gesamten sozialen Umfeldes verlieren. Tamar muss schwanger werden aus der Familie ihres verstorbenen Mannes, um jeden Preis. Da ist keine große Zeit für Gefühle! Also macht sie kurzerhand mit, was verlangt wird. Vielleicht wie es Queen Viktoria mal gesagt hat: »Augen zu und denk an England!« Oder hat sie die Augen zugemacht und an Ger gedacht, ihren verstorbenen Mann?

Wie war wohl der Sex der beiden, erzwungen durch den Vater und die Tradition? Onan will eigentlich nicht und Tamar hofft, dass er sie schwängert, begreift aber, dass er genau das nicht tun will? Schönes Miteinander klingt anders! Tamar wird begriffen haben, dass Onan sie nicht schwängern will. Was für eine dramatische, ja schreckliche Situation!

In der Bibel heißt es, Gott fand Onans Verhalten nicht richtig und so muss auch Onan sterben. Eine Katastrophe. Juda verliert seinen zweiten Sohn. Und Tamar steht doppelt gedemütigt da, schwanger ist sie noch immer nicht. Also schickt Juda seine Schwiegertochter zurück

Ger, Onan und Schela

nach Hause und sagt ihr zu, sobald sein dritter Sohn, Schela, alt genug sein werde, würde der sie schwängern. Eine Demütigung für Tamar, sie ist noch jung und nun soll sie warten. Aber eine Frau ohne Kind findet keine Anerkennung. Was bleibt ihr übrig, sie muss hoffen, dass der nächste Bruder ihres verstorbenen Mannes bald zeugungsfähig wird.

Und wie fühlt sich Schela? Er hat das alles ja wahrscheinlich hautnah miterlebt, viel Raum für Rückzug gab es nicht in der Gesellschaft damals. Er weiß, was von ihm erwartet wird. Schaut er sich Tamar schon mal von Ferne an? Träumt er davon, mit ihr zu schlafen? Oder hat er Angst, weil seine beiden älteren Bruder ums Leben gekommen sind, während sie mit ihr eine Beziehung hatten? Liegt da etwa ein Fluch auf einer Beziehung zu Tamar?

Nach einigen Jahren ist Schela dann alt genug, um sich Tamar zu nähern. Aber Juda hat Angst, auch dieser Sohn könnte ihm sterben, zwei Söhne hat er schon verloren. Und so löst er sein Versprechen nicht ein, auch hier die Schwagerehe gelten zu lassen. Er bricht das Recht, auf das er doch sonst so gern pocht. Ein schlechtes Gewissen hat Juda schon, aber die Angst um den dritten Sohn ist größer.

Tamar ahnt, was vor sich geht, und greift in ihrer Verzweiflung zu einer List: Wenn nicht die Brüder ihres verstorbenen Mannes sie schwängern, dann soll es der Vater tun. Wenn sie nicht bald schwanger wird, ist sie zu alt und wird hoffnungslos eine kinderlose Witwe auf immer, geradezu verraten und verkauft. So verkleidet sich Tamar als Hure und legt es darauf an, dass Juda sie bemerkt. Ihr Schwiegervater hat vor kurzem seine Frau verloren und will mit ihr ins Geschäft kommen, er hat offenbar Lust auf Sex. Ziemlich clever erbittet Tamar einen persönlichen Pfand als Garantie für die Bezahlung. Juda gibt es ihr, schläft mit ihr und sie wird schwanger.

Als Tamars Schwangerschaft sichtbar wird, gibt es Gerüchte über Gerüchte. Sie muss herumgehurt haben, eine anständige Witwe ist sie nicht. Die Leute zerreißen sich das Maul, wie sie es halt gern tun. Ihr Schwiegervater Juda ist empört. Die Witwe seines Sohnes hat mit einem anderen Mann geschlafen. Was für ein Skandal. Juda plädiert dafür, dass Tamar nach Recht und Gesetz verbrannt wird. Da ist er radikal, keine Spur von Sanftmut gegenüber der verzweifelten Schwiegertochter. Recht muss Recht bleiben.

Aber dann kommt alles anders. Tamar kann das Pfand vorzeigen, das Juda ihr gegeben hat, als er mit ihr schlief – Siegel, Schur und Stab, die Juda eindeutig identifizieren. Der begreift, dass er der Vater der Kinder ist, die bald geboren werden, Perez und Serach. Sie werden als Söhne seines ältesten Sohnes gelten. Juda wird das nicht anfechten, denn er sieht sich selbst schuldig, weil er Schela nicht wie Onan gedrängt hat, mit Tamar zu schlafen und so dem ältesten verstorbenen Bruder Ger Nachkommen zu zeugen. Juda begreift, dass er das geltende Recht gebrochen hat und nicht seine Schwiegertochter.

Was für ein Drama! Im Grunde sind hier alle Opfer archaischer Vorstellungen von Erstgeburtsrecht. Ger stirbt früh. Sein Bruder Onan versucht, irgendwie dem väterlichen Wunsch gerecht zu werden und doch auch den eigenen Wünschen Raum zu lassen. Der jüngste Bruder Schela hat Angst, zu sterben. Vater Juda will nur den jüngsten Sohn schützen. Tamar tut alles, um ihre Ehre zu retten. Glücklich wurde keiner der Beteiligten.

Dina und ihre Brüder

Ein Mädchen unter so vielen Jungs!

1. Mose 30ff.

Als Dina zur Welt kommt, hat ihre Mutter Lea schon sechs Söhne geboren. Das muss für sie etwas ganz besonderes gewesen sein: Ein kleines Mädchen!

In der Bibel wird Dinas Geburt nur ganz lapidar in einem Vers erwähnt (1. Mose 30,21). Bei jedem ihrer Brüder wird erzählt, was Lea gedacht hat, wie besonders der Name sein soll, der gewählt wird. In den biblischen Erzählungen sind die Töchter insgesamt nicht so wichtig. Aber ich kann mir vorstellen, dass es für Mutter Lea sehr anrührend ist, erstmals eine Tochter im Arm zu halten. Und für die sechs großen Brüder ist das sicher auch ein besonderer Moment: Eine kleine Schwester, die wollen, ja die müssen wir schützen!

Vier Halbbrüder von den Mägden des Vaters hat Dina schon, nach ihr werden noch zwei Söhne geboren, Josef und Benjamin, die Kinder von Leas Schwester Rahel. Zwölf Brüder sind es am Ende also insgesamt! Wie wird sie sich gefühlt haben? Hat sie versucht, es den Brüdern gleich zu tun, mitzuhalten? Oder hat sie ihre ganz eigenen Spiele entwickelt, sich mehr zur Mutter, zur Tante, zu den Mägden gehalten? Wahrscheinlich war sie besonders verwöhnt. Das einzige Mädchen unter so vielen Jungen, der Augapfel aller, das lässt sich gut denken.

Ich denke, erst einmal war Dina die kleine Prinzessin der großen Familie von Jungen. Was für eine Ausnahme auch für Vater Jakob. Nach zehn Söhnen eine Tochter! Ob sie sein Augapfel war? Gewiss, danach kommen noch Josef und Benjamin. Da könnte Eifersucht entstanden sein. Auf einmal zwei weitere Söhne, die besondere Aufmerksamkeit bekommen, weil die Frau sie geboren hat, die

Jakob besonders liebt. Hat Dina kokettiert um die Zuneigung des Vaters?

Was Mutter Lea betrifft, so hat sie diese Tochter, das siebte und letzte ihrer Kinder, gewiss besonders behandelt. Sie war so stolz auf ihre Söhne, hat sie doch gehofft, damit die Zuneigung ihres Mannes zu gewinnen in einer patriarchalen Gesellschaft. Aber dann so ein kleines Mädchen, das konnte sie vielleicht endlich einmal entspannt verwöhnen.

Wahrscheinlich war die junge Dina durch ihre Sonderstellung in Vater Jakobs Haus durchaus selbstbewusst. Es heißt, sie »ging aus, die Töchter des Landes zu sehen« (34,1). Was bedeutet das wohl? Vielleicht wollte sie endlich einmal andere Mädchen in ihrem Alter kennenlernen? Sie hatte keine Schwestern, keine Kusinen. Aber in der Pubertät, da suchst du andere, willst dich austauschen über Gefühle, über Jungs, darüber, was angesagt ist in Sachen Kleidung, kichern willst du. Dina war es wohl leid, ständig unter Brüdern zu leben, sie wollte leben, frei sein, andere junge Mädchen oder auch Frauen kennen lernen. Ein Drang nach Freiheit steckt in diesem Satz. Und eine Angstfreiheit, ja Neugier. Sie will wissen, wie die anderen leben, die nicht zu ihrer Familie gehören.

Dieser Freiheitsdrang wird sofort bitter bestraft, Dina wird vergewaltigt. In die so behütete Kindheit bricht auf brutale Weise Gewalt ein. Eine entsetzliche Erfahrung für jede Frau. Aber noch schlimmer in einer Gesellschaft, in der Frauen »rein«, ohne sexuelle Vorerfahrung in eine Ehe gehen müssen, wenn sie nicht Schande über die Familie bringen wollen.

Wird Dina hier die Schuld gegeben nach dem Motto: Hättest du dich nicht weggewagt aus dem Familienclan, wäre dir das nicht passiert? Oder, wie manche Kommentatoren meinen, fühlte sich Dina zu Frauen hingezogen, wollte sie ihre Sexualität erproben und das endete in einem Desaster?

Der Täter heißt Sichem. Er ist ein junger Mann aus einem anderen Volk und hat sich offenbar in Dina verliebt. Aber statt um sie zu werben, vielleicht gar um ihre Hand anzuhalten, greift er zu Gewalt. Offenbar ist Sichem über sich selbst erschrocken. Das wollte er nicht, das Begehren ist mit ihm durchgegangen, zu viel Testosteron. Er ist ja verliebt in Dina, es tut ihm so leid, dass er ihr das angetan hat. Völlig verzweifelt fragt er seinen Vater, was er denn tun kann. Er wollte das nicht! Ob Sichem direkt mit Dina gesprochen hat? Darüber berichtet die Bibel nichts. Aber ich kann mir vorstellen, er hat sie um Verzeihung angefleht, ihr gesagt, dass er mit ihr leben will. Oder hat ihre Familie das gar nicht zugelassen, gab es keine Chance für Sichem, sich Dina noch einmal zu nähern? Lag sie weinend bei ihrer Mutter im Zelt, um sich die zornigen Brüder?

Was dachte Dina wohl? Schmerz und Scham hat sie gewiss empfunden. Aber hat sie vielleicht auch gerührt, wie dieser junge Mann um sie wirbt? Oder war sie zerfressen vom Hass gegen ihn? Oder war sie unter Schock, völlig apathisch, konnte nichts mehr sagen, nichts mehr essen? Sichems Gefühle werden beschrieben in der Bibel, Dinas nicht. Es ist nicht klar, was sie selbst empfindet oder will.

Jedenfalls bittet Sichems Vater Dinas Vater darum, dass beide heiraten dürfen. Das wäre ein Schritt hin zur Rechtmäßigkeit der Beziehung gewesen, die Schande der Vergewaltigung wäre getilgt. Unvorstellbar für uns heute, gibt es auch in unserer Zeit, etwa in einigen Gebieten Indiens, diese Auffassung: Wenn der Vergewaltiger das Opfer heiratet, ist die Tat gesühnt.

Dinas Brüder aber wollen keine Befriedung der Situation. Sie sind zutiefst empört über die Schandtat! Ob Dina das gefallen hat? Hat sie sich gefreut, dass ihre Brüder so vehement für sie eintreten? In jedem Fall greifen die Brüder zu einer bösartigen List. Sie sagen Sichem und seinem Vater Hamor, alles wäre gut, wenn sie sich beschneiden ließen. Dann könnten sie alle friedlich zusammen leben, Söhne und Töchter könnten untereinander heiraten, sie wären ja sozusagen ein Volk.

Offenbar arglos lassen Sichem und sein Vater sich darauf ein, sie wollen Frieden! Alle Männer und Jungen in der Stadt lassen sich beschneiden, es gibt geradezu einen Konsens von Friedenswillen. Dann aber, als sie geschwächt sind vom operativen Eingriff, kommen Dinas Brüder Simeon und Levi mit Gewalt in die Stadt. Sie erschlagen Sichem und Hamor und alle anderen Männer. Anschließend plündern die anderen Brüder die Stadt und machen alle Kinder und Frauen zu Sklaven.

Jakob, ihr Vater ist entsetzt. Er sieht sich in Verruf gebracht, die Sicherheit seiner Familie ist gefährdet, denn die umliegenden Bewohner werden empört sein über einen so hinterhältigen Rachefeldzug. Es sollte doch Frieden geschlossen werden, ein Kompromiss war gefunden, der ein Leben nach der Tat für alle ermöglicht hätten. Seine Söhne aber fühlen sich im Recht, denn ihre Schwester wurde wie eine Hure behandelt, so heißt es in der Bibel (34,31).

So wenig ist über Dina bekannt. Gerade mal ihre Geburt und dann ihre Vergewaltigung. Wichtig sind immer die Brüder und ist auch die Rache der Brüder. Für Dina selbst ist mit der Ermordung von Sichem der Weg in eine Ehe mit ihm ausgeschlossen, der ihre Ehre nach alter Tradition gerettet hätte. Vielleicht hasst sie die Brüder dafür ...

Die Bibel sagt nichts über Dina und ihre Gefühle. Aber wir können sie über all die Jahrtausende hinweg doch nachempfinden. Da ist sie, die vielleicht etwas verwöhnte Tochter von Jakob und Lea, aufgewachsen unter lauter Jungen. Und jetzt, wo sie sich zur Frau entwickelt, wird sie neugierig, sie will sich über Grenzen wagen, Neues entdecken, andere Menschen kennen lernen, Erfahrungen machen. Dieser Drang nach Neuem wird brutal ausgebremst.

Aber Sichem will sie heiraten? Was bedeutet ihr das wohl? Kann sie sagen, gut, dann ist meine Ehre gerettet? Offenbar begehrt Sichem sie ja, vielleicht sagt er ihr Liebesworte ins Ohr und sie ist nach der Vergewaltigung hin und her gerissen?

Doch Dina hat keinerlei Entscheidungsmöglichkeit, ihre Brüder entmündigen sie völlig. Der Mann, der sie vergewaltigt hat, sein Vater, ja alle Jungen und Männer ihres Volkes werden ermordet. Frauen und Kinder werden versklavt. Die Vergewaltigung mündet in noch mehr

Gewalt, in Mord und entsetzliches Unrecht. Nein, das hat Dina nicht gewollt. Doppelt gedemütigt ist sie. Nach ihr, ihrem Wollen und Empfinden fragt niemand in der biblischen Geschichte. Diese doppelte Ohnmacht von Vergewaltigung und den anderen, die darüber urteilen, die Ohnmacht gegenüber dem Handeln der Brüder, die kennen Frauen bis heute.

Mirjam, Mose und Aaron

Geschwister mit Führungsqualität

2.–5. Mose

Mirjam ist eine große Schwester, wie sie im Buche steht. Sie ist offenbar allein mit ihrer Mutter Jochebed, als ihr kleiner Bruder geboren wird; ihr Vater Amram scheint nicht vor Ort zu sein. Das Mädchen erlebt die große Angst der Mutter um dieses Kind. Denn sie und ihre Familie sind Ausländer in Ägypten. Damit sich die Israeliten sich nicht zu einem großen Volk entwickeln, das er nicht mehr kontrollieren kann, lässt der Pharao alle männlichen Kinder der hebräischen Zwangsarbeiter töten. Eine grausame Maßnahme, alle Mütter sind in Panik.

Die Mutter hofft auf ein Mädchen, doch ein Junge wird geboren. Was sollen sie nur tun? Wie kann er gerettet werden? Die Mutter stillt den kleinen Mose, aber lange lässt sich seine Existenz nicht mehr verbergen, er schreit laut und kräftig. Gemeinsam mit Mirjam bastelt Jochebed ein kleines Körbchen, das durch Teer schwimmfähig ist, und legt den kleinen Mose hinein. Die Angst ist groß: Was wird passieren, wird er überleben? Eigentlich ist das ein waghalsiges und hoffnungsloses Unternehmen.

Mirjam geht so unauffällig wie möglich am Ufer entlang und beobachtet, was geschieht. Und tatsächlich, das Körbchen schwimmt direkt in eine Gruppe Frauen, die badet. Eine von ihnen ist die Tochter des Pharao. Sie findet das weinende Kind anrührend. Mirjam erkennt ihre Chance, geht hin und bietet an, eine Frau zu finden, die das Kind stillt. Die Tochter des Pharao willigt ein und so kann Mose ganz legal bei Mutter und Schwester aufwachsen. Wie clever von der kleinen Mirjam, das war ein genialer Einfall. Die Familie hat nun Ruhe vor den Schergen des Pharao. Als Mose schließlich groß genug ist, wird er der Tochter des Pharao übergeben und gilt nun als ihr Sohn. Auch da wird der Abschied schwer gewesen sein, aber Mose ist kein Säugling mehr und er wird es gut haben, das weiß Jochebed.

Diese so besondere Geschichte bindet Mirjam und Mose sehr eng aneinander. Mirjam hat die Angst um sein Leben mit ausgestanden. Im entscheidenden Moment hatte sie mutig die richtige Idee, durch die er wieder nach Hause kommen konnte. Aber dann erlebt sie, dass sie sich wieder von ihm trennen muss. Sie bleibt bei den hebräischen Sklaven, die harte Arbeit leisten müssen und unter elenden Umständen leben, er zieht in den Königspalast ein.

Aber Mose kann seine Herkunft nicht leugnen. Es zieht ihn zu seinen Leuten. So schön es im Palast ist, er weiß ja, wohin er gehört. Als er eines Tages sieht, wie ein Aufseher einen israelischen Zwangsarbeiter quält, erschlägt er im Affekt den Aufseher. Er hat ihn ermordet! Nun muss er fliehen, denn der Pharao, dem die ganze Geschichte mit der Adoption ohnehin nicht gepasst haben konnte, trachtet ihm nach dem Leben.

Mirjam vermisst ihren kleinen Bruder. Ob sie weiß, dass er geheiratet hat? Inzwischen hat sie einen weiteren Bruder, Aaron, den sie auch innig liebt. Er ist anders als Mose, er redet viel und gern, ein lustiger Kerl ist er.

Mose seinerseits ist in der Fremde innerlich unruhig. In der Bibel wird erzählt, dass Gott ihn beauftragt, sein Volk in die Freiheit zu führen. Mose wehrt sich, wie soll er die Ältesten überzeugen? Große Reden sind seine Sache nicht. Da sagt Gott, dass Aaron das Reden übernehmen kann, Mose aber soll das Volk führen. Interessant! Mose kennt Aaron ja gar nicht so gut. Aber er verlässt sich auf Gottes Botschaft. So kehrt er nach Hause zurück und wird Aaron von der Nachricht erzählt haben: Wir sollen aufbrechen. Lass uns aufbrechen, lass uns ein Team sein, wir schaffen das!

Und so werden Mose und Aaron zu einem idealen Gespann. Mose ist die Führungsfigur mit dem Stab in der Hand. Aaron ist der gute Redner, der den anderen Hebräern klar macht, was auf sie zukommt, der sie überzeugt: Ja, wir werden Ägypten verlassen, wir werden in die Freiheit ziehen.

Dazu gehört aber auch Mirjam als Dritte im Bund. Denn auch die Frauen müssen überzeugt werden, aufzubrechen mit ihren Kindern in eine ungewisse Zukunft. Ist das nicht viel zu gefährlich, fragen sie. Auch wenn es schlimm ist in Ägypten, wäre es nicht besser, hier zu bleiben, wenn auch in Armut, aber doch in Sicherheit? Mirjam ist eingeweiht in Moses Pläne, sie kann andere überzeugen und sie ist sicher: Es ist richtig, wegzugehen, hier können wir nicht bleiben. Wir werden ein Land finden, in dem wir in Frieden leben können.

Es wird noch dauern, bis sie endlich ziehen können, Mose führt eine lange Auseinandersetzung mit dem Pharao. Aber der lässt sie nicht freiwillig ziehen, die Arbeiter sind allzu nützlich für ihn. So brechen die Israeliten unter der Führung von Mose heimlich auf. Mitten durch das Rote Meer müssen sie hindurch. Hinter ihnen kommt die Armee des Pharao. Angst macht sich breit. Aber dann haben sie es geschafft, während das Heer, das sie verfolgt, im Meer versinkt. Eine riesige Erleichterung macht sich breit. In der Bibel heißt es: »Da nahm Mirjam, die Prophetin, Aarons Schwester, eine Pauke in ihre Hand und alle Frauen folgten ihr nach mit Pauken und Reigen.« (15,20) Ja, eine Prophetin ist Mirjam, großen Respekt hat sie sich inzwischen erworben. Es sind also drei Geschwister, die gemeinsam das Volk in die Freiheit führen: Mose, Mirjam und Aaron.

Einerseits ist das großartig, denn sie kennen einander, ja sie haben als Geschwister ein Vertrauen, das andere sich erst lange erwerben müssen. Und in genau dieser Konstellation geben sie dem Volk Israel wohl auch Sicherheit: Die drei wissen, was sie tun, darauf können wir uns verlassen. Einer ist der Macher, einer der Redner, die dritte hat den Draht zu den Frauen und ihren ganz eigenen Themen.

Andererseits gibt es auch Konflikte, ja Konkurrenz. Mirjam und Aaron ärgern sich manches Mal über diesen Anspruch, dass Gott allein durch Mose rede. Sind nicht auch sie beide Propheten, verstehen sie nicht auch, was Gottes Wille ist? Ärger kommt unter den beiden auf, sie verbünden sich gegen Mose (2. Mose 12,1ff.). Da greift, so erzählt es die Bibel, Gott ein und macht sehr klar: Mose ist der Anführer, durch ihn gibt Gott seine Botschaften an das Volk. Mirjam und Aaron müssen sich fügen, sie treten zurück in die zweite Reihe.

Ein anderes Mal auf dem jahrelangen Weg durch die Wüste geht der Ehrgeiz mit Aaron durch (2. Mose 32). Mose war auf einen Berg gestiegen, um mit Gott zu reden. Es dauerte Tage, er kam nicht zurück. Da wandten sich die Leute an Aaron und fragten: Wo ist nun Gott? Aaron ließ Männer und Frauen Gold bringen und formte ein Kalb daraus, das die Leute nun feierten und anbeteten. Was soll das? Will er zeigen: Nicht Mose ist nahe zu Gott, nein, ich kann sogar einen Gott schaffen? Ist er so von Neid zerfressen, dass er die Abwesenheit des Bruders nutzt, um endlich Anerkennung zu finden?

Es sind wohl normale Geschwisterkonflikte unter den dreien. Mose hat seine Schwester und seinen Bruder offenbar geliebt. Aber er war auch fassungslos, wenn er gesehen hat, wie leicht sie verführbar waren zu Macht und Gier. Er selbst ist reifer geworden, weil er gelernt hat, mit der Schuld zu leben, dass er einen Menschen getötet hat. Deshalb ist er offenbar nachsichtig mit Mirjam und Aaron. Gott straft die beiden für ihren Hochmut, nicht Mose.

Eines Tages stirbt Mirjam, kinderlos offenbar (4. Mose 20,1). Sie hat ihr Leben den beiden Brüdern und dem Volk Israel gewidmet. Es wird nicht viel erzählt zu ihrem Tod, er ist in der Bibel eine lapidare Nachricht. Aber wie ging es wohl Mose und Aaron? Sie haben die Schwester verloren, die sie ihr Leben lang begleitet hat. Es wird weh getan haben, ein trauriger Abschied muss das gewesen sein.

Als Aaron stirbt, ist Mose bei ihm und das Volk betrauert ihn 30 Tage lang. Das wird von Mirjam nicht erzählt. Aber auch Mose wird sterben, ohne das gelobte, verheißene Land zu erreichen. Von ihm wird mit großer Trauer Abschied genommen, Mose regelt seinen Nachlass und setzt Josua zu seinem Nachfolger ein.

Drei Geschwister haben den Aufbruch in die Freiheit organisiert und verantwortet. Am Ende erreichen sie alle das Ziel nicht. Aber sie sind bis heute im Gedächtnis der Menschheit, weil sie sich miteinander – bei allen Konflikten – ganz einer gemeinsamen Sache verpflichtet wussten: Freiheit!

David und seine Brüder

Ein kleiner Bruder, den das Leben bevorzugt

David ist der jüngste von acht Söhnen. Das ist gar nicht so leicht. Vater Isai ist sehr stolz auf sie alle, aber die Mutter, die hätte doch gern noch ein kleines Mädchen gehabt. So verwöhnt sie David besonders, er bekommt von ihr, was er will. Sie bringt ihm bei, Harfe zu spielen. Seine großen Brüder finden das lächerlich für einen Jungen. Mamas kleiner Liebling, spotten sie.

Vater Isai meint, David muss lernen, sich unterzuordnen, und er muss heranwachsen zur Arbeit, die nun einmal für Männer anfällt. So muss David oft die Schafe hüten.

Eines Tages ereignet sich etwas Merkwürdiges! Der berühmte Prophet Samuel kommt zur Familie von Isai ins Haus. Gott hatte ihm befohlen, einen der Söhne zum König zu salben. Samuel hat Angst davor, denn der König Israels ist ja Saul. Einen anderen heimlich zu salben, das wäre Hochverrat. Trotzdem tut Samuel, was Gott befohlen hat, Gott wird das wissen, was richtig ist. Also geht Samuel zu Isai unter dem Vorwand, ein Opfermahl zusammen zu essen. Er kann ja schlecht öffentlich sagen, er würde sich nach einem neuen König umsehen! Als Samuel im Haus ist, sieht er Isais ältesten Sohn, Eliab. Und er denkt: Das muss der zukünftige König sein. Offenbar war Eliab von der Gestalt her ein beeindruckender, großer junger Mann. Dann sagt, so erzählt es die Bibel, Gott zu Saul einen gewichtigen Satz: »Der Mensch sieht, was vor Augen ist; der Herr aber sieht das Herz an.« (1. Sam 16,7b) Es geht also nicht darum, dass der zukünftige König besonders gut aussieht, sondern darum, dass er eine innere Haltung hat, rechtschaffen ist, aufrichtig.

Samuel ist verwirrt, Vater Isai auch. Isai führt ihm nun nacheinander die anderen Söhne vor: Abinadab, Schamma und weitere vier. Aber alle scheinen Samuel ebenfalls nicht auserwählt. So fragt er, ob das alle Söhne seien. Nein, sagen sie, da ist noch der kleine David, aber der hütet die Schafe. David wird geholt, »er war bräunlich, mit schönen Augen und von guter Gestalt« (16,12), heißt es. Samuel begreift: Diesem Jungen will Gott die Führungsaufgabe für das Volk Israel anvertrauen. Es ist zwar merkwürdig, unverständlich, aber Samuel vertraut Gott. Und er salbt ihn mitten unter seinen Brüdern zum zukünftigen König.

Als Samuel wieder abgereist war, werden sie viel geredet haben. Was war das denn? Der kleine David soll König werden, das ist doch ein Witz! Vielleicht haben sie ihn geneckt, den jüngsten Bruder: Na, König David, dürfen wir dir dienen? Vielleicht waren die älteren Brüder aber auch neidisch: Warum er, warum nicht wir? Was soll schon besonders sein an dem kleinen Kerl? Der Vater wird sich Sorgen gemacht haben: Erzählt bloß nichts davon! Das müssen wir für uns behalten. Nachher wird unsere Familie noch wegen Rebellion angeklagt, dann könnten wir alle getötet werden! Es darf doch kein neuer König gesalbt werden, wenn der alte noch regiert. Und die Mutter, ja die hat in dem kleinen David schon immer etwas Besonderes gesehen, ihr Liebling ist es ja, sie verwöhnt ihn weiterhin und liebt sein Harfenspiel.

Genau diese Fähigkeit wird David schließlich an den Hof des Königs bringen. Denn König Saul ist schwermütig und sucht jemanden, der ihm mit der Harfe Aufheiterung bringt. Ein Bediensteter weiß, dass David das kann, und so wird er geholt und spielt vor. Saul findet Gefallen an ihm und bittet Isai, dass er ihm seinen Sohn David überlässt. Da entsteht große Aufregung zuhause: Was passiert da? Stimmt doch, was Samuel gesagt hat? Unser kleiner David soll ab jetzt im Königspalast leben? Ja, die Älteren neiden ihm das. Aber sie sind auch seine Brüder und haben Angst um ihn: Hoffentlich kommt er dort nicht unter die Räder, er ist doch nur Landleben und Schafe gewöhnt. Wie soll der kleine Kerl denn »bei Hofe« zurecht kommen? Kann er sich überhaupt gut genug benehmen? In den Stolz mischen sich immer wieder Ängste bei den Eltern und bei den Geschwistern.

David aber scheint eine gute Balance zu gelingen. Einerseits wird er zu Sauls Vertrautem, es entsteht eine Nähe zwischen beiden. Andererseits vergisst er seine Herkunft nicht. Er kommt oft zurück nach Bethlehem, um Schafe zu hüten, um nahe bei seiner Familie zu sein.

Seine drei ältesten Brüder kämpfen inzwischen in der Armee von König Saul gegen die Philister. Eines Tages, als David die Familie zuhause besucht, gibt Vater Isai ihm Proviant mit für die Brüder, er soll ihnen Brot und Käse ins Lager bringen. Als David dort ankommt, beginnt gerade eine Schlacht. Besondere Angst haben alle vor einem riesigen Mann im gegnerischen Lager mit Namen Goliat. Keiner traut sich, ihn direkt anzugreifen. David fragt: Was würde denn derjenige bekommen, der den großen Kerl besiegt? Da wird sein ältester Bruder Eliad zornig und sagt: Was willst du eigentlich hier? Du bist nur neugierig. Es ist unverantwortlich, dass du Vaters Schafe allein lässt. »Ich kenne deine Vermessenheit wohl« (17,28), sagt er.

Oh, da ist sie durch die Jahrtausende hindurch greifbar, die Verärgerung. Du nervtötender kleiner Bruder, du hast keine Ahnung vom Kampf und spielst dich jetzt hier auf. Fühlst dich groß und stark, weil dieser Samuel dir den Floh ins Ohr gesetzt hat, du würdest mal König werden. Hau ab, du verstehst nichts vom Kämpfen, du störst, wie du immer gestört hast, kleiner Bruder. Bilde dir bloß nichts ein.

Aber David lässt nicht nach, er ist wirklich nervig. Er will seinem Bruder beweisen, dass er kein Kind mehr ist. So wird er vor König Saul gebracht und erklärt, er wolle den Philister Goliat bekämpfen, schließlich habe er die Schafe schon gegen Löwen und Bären verteidigt, er wisse, was er tue. Saul kennt David inzwischen ja gut. Vielleicht lächelt er innerlich über den Wagemut des Jungen, aber er willigt ein und gibt David sogar seine Rüstung. Aber David kann damit gar nicht laufen, er hat das Kriegsgeschäft nicht gelernt. Und so geht er nur mit einer Zwille und fünf Steinen bewaffnet auf Goliat zu. Der lacht über dieses Kind, das ihm entgegenkommt. David aber schleudert einen Stein, Goliat wird getroffen und geht zu Boden. Da geht David hin, nimmt dessen Schwert, ersticht ihn und trennt ihm auch noch den Kopf ab. Oje, das ist wahrhaftig kein Kind mehr! Jetzt hat er seinen Brüdern gezeigt, wie stark er ist, der kleine David. Die anderen jagen nun hinterher, die Philister werden geschlagen, die Schlacht ist gewonnen.

David ist jetzt ein Held. Er bleibt am Hofe Sauls, wird erfolgreich, freundet sich mit dessen Sohn Jonatan an. Saul wird langsam misstrauisch, er sieht, wie beliebt David ist.

Sein Ausweg ist, ihm seine Tochter Michal zur Frau zu geben, damit er ihm verpflichtet ist. David ist beschämt, er fragt, wie er denn Schwiegersohn des Königs werden könne, stamme er doch aus so kleinen Verhältnissen. Saul aber stimmt der Hochzeit zu, nicht nur, weil Michal sich in David verliebt hat, sondern auch, weil er meint, dadurch sicher zu sein vor diesem Emporkömmling, der so beunruhigend beliebt ist überall.

Doch die Auseinandersetzungen sind unausweichlich. Sauls Sohn Jonatan rettet David vor dessen Nachstellungen, auch Sauls Tochter Michal rettet David. Es wird ein zähes Ringen zwischen Saul und David um Anerkennung und Macht. Am Ende wird Saul mit seinen Söhnen Jonatan, Abinadab und Malkischua im Kampf gegen die Philister sterben. David wird König, wie Samuel es vorausgesagt hat.

Was werden sie gedacht haben, die Brüder? Er hat es geschafft? Hat sich tatsächlich durchgesetzt, der kleine Kerl? Und David? Wahrscheinlich war es die Erfahrung, jüngster von acht Brüdern zu sein, die ihn List und Beharrlichkeit gelehrt hat. Er ist offensichtlich sehr beziehungsfähig, Jonatan liebt ihn geradezu als seinen besten Freund, manches Mal wurde beiden in der Exegese sogar eine homosexuelle Beziehung unterstellt. Und auch die Frauen fliegen auf David, nicht nur Michal verliebt sich in ihn. Später wird David größenwahnsinnig, er nimmt sich, als er mächtig ist, was er will. Bathseba wird sein Opfer, er will diese Frau, vergewaltigt sie und schickt ihren Mann in den Tod. Nein, einfach nur ein guter Mensch ist David nicht. Deshalb wird Gott ihm eines Tages verwehren, den Tempel in Jerusalem zu bauen, das wird Sache seines Sohnes Salomon werden.

Ein kleiner Junge wird auserwählt, König zu sein. Er ist sich bewusst, wie absurd diese Idee ist. Er kommt aus kleinen Verhältnissen. Aber der Gedanke ist erst einmal eingepflanzt in seinen Kopf. Und gegen die Arroganz der vermeintlich Überlegenen anzukämpfen, das hat er gelernt als kleiner Bruder. Beziehungsfähig ist er, auch das hat er aus der Familie mitgenommen. Er kann Freundschaft eingehen, er kann Frauen lieben, seine Mutter hat ihn die zarte Seite des Lebens gelehrt.

Von seinen Brüdern hören wir nichts mehr.

Absalom, Amnon und Tamar

Von der großen Liebe zur kleinen Schwester

Absalom liebte seine kleine Schwester Tamar abgöttisch. Gemeinsam wachsen sie bei ihrer Mutter Maacha auf, König David ist ihr Vater. Tamar war Absaloms Gefährtin seit Kindertagen, sie haben alles geteilt, ganz innig sind die Geschwister. Und er findet Tamar wunderschön, jetzt wo sie zur jungen Frau heranwächst. Alles Glück dieser Erde wünscht er ihr, behüten will er sie. Und Tamar verlässt sich auf ihren großen Bruder, er wird sie schützen vor den Widrigkeiten der Welt.

Aber dann wird das harmonische Miteinander heftig zerstört: Ihr Halbbruder Amnon wirft ein Auge auf Tamar und will sie unbedingt haben. Mit einer miesen List bringt er ihren gemeinsamen Vater David dazu, dass sie an sein angebliches Krankenbett kommt und ihn füttert. Als beide allein sind, vergewaltigt er Tamar. Sie fleht ihn an, es nicht zu tun, aber Amnon kennt keine Gnade, er ist schlicht brutal. Eine entsetzliche Erfahrung! Tamar ist völlig außer sich vor Verzweiflung. Das Trauma der Vergewaltigung ist das eine. Das andere ist die Angst, denn sie weiß, dass eine vergewaltigte Frau verstoßen wird, niemals einen Ehemann findet. Um ihre Ehre zu retten, bittet sie Amnon, sie zu heiraten, aber der stößt sie von sich. Nicht einmal die Folgen seiner furchtbaren Tat will er tragen. Tamar ist am Boden zerstört, verbittert, einsam. So bleibt sie im Haus ihres Bruders Absalom zurück.

Absalom hasst Amnon für das, was er seiner Schwester angetan hat. Und er ist empört, weil ihr gemeinsamer Vater David nichts, aber auch gar nichts tut, um die Vergewaltigung zu rächen, Amnon auch nur zur Rede zu stellen. Was ist das für ein Vater, der nicht für seine Tochter einsteht! Was für ein ekelhafter Kerl ist dieser Halbbruder, der vergewaltigt und dann noch nicht einmal zu seiner Verantwortung steht. Hass wächst in Absalom. Und so sinnt er auf Rache für Tamar. Zwei Jahre lang überlegt er, wie er das anstellen könnte. Am Ende findet er eine Möglichkeit, er inszeniert einen Anlass, Amnon wird mit Wein abgefüllt und ermordet.

Was für dramatische Gefühle! Da ist Amnon, vom Vater verwöhnt, der Thronerbe sozusagen. Er fühlt sich stark, er denkt, er kann alles, ja er kann alle haben. Er sieht Tamar, sie sieht wunderschön aus, mit ihr würde er gern schlafen, ja er ist fast krank vor Begehren. Aber ihm ist klar: Das ist riskant. Sie ist seine Halbschwester. Dem Vater würde das nicht gefallen. Schließlich vertraut er sich seinem Freund Jonadab an. Der sagt: Komm her, das kriegst du doch hin! Stell dich krank, lass deinen Vater Tamar selbst zu dir schicken. Dann bist du gar nicht schuld, sondern er oder im Zweifelsfall sagst du halt, sie hat dich verführt.

Bösartig sind diese Pläne, ja. Die Bibel zeigt die Menschen nicht nur von ihrer besten Seite, und das macht sie zu so einem lebensklugen Buch. Amnon ist ein verwöhnter junger Mann, der glaubt, alles muss nach seiner Pfeife tanzen. Die Gefühle anderer interessieren ihn nicht. Er ist testosterongesteuert, will Sex mit Tamar um jeden Preis. Weiter kann er nicht denken, Verantwortung liegt ihm fern.

So ganz anders kommt Absalom daher. Er liebt seine schöne Schwester. Und er ist abgrundtief erschüttert, als er erfährt, dass Amnon sie brutal vergewaltigt und dann auch noch verstoßen hat. Zu ihm flieht Tamar, er nimmt sie auf in sein Haus. Und er verachtet Amnon. Er kann auch nicht begreifen, dass diese furchtbare Tat keinerlei Konsequenzen hat. Amnon sonnt sich weiterhin in der Gunst des Vaters, er scheint tun zu können, was er will.

Absaloms Hass sitzt tief. Aber er lässt sich nicht zu einer übereilten Reaktion verführen. Er plant genau und grausam, wie er seine Schwester rächen kann. Wahrscheinlich hat er gesehen, wie sie leidet, sie wohnt ja bei ihm. Er hat versucht, sie zu trösten, ihr zu helfen, das Geschehen zu bewältigen. Aber sie zieht sich mehr und mehr von der Welt zurück, ist getrieben von den Dämonen der Vergewaltigung, dieses Unrechts, das ihr Leben zerstört hat. Die Bibel erzählt nichts mehr von Tamar, aber wir können uns vorstellen, wie sie in eine tiefe Depression verfällt, von Panikattacken gehetzt wird. Sicher hat sie sich auch die Frage gestellt: Habe ich mich genug gewehrt, habe ich eine Mitschuld?

2018 kam der Film »Alles ist gut« von Eva Trobisch in die deutschen Kinos. Es geht um Janne, die vom Schwager ihres Chefs vergewaltigt wurde. Sie erzählt niemandem davon, sie ist eine starke, gestandene Frau und will nicht Opfer sein. Einerseits versucht sie, die Vergewaltigung zu verdrängen, andererseits kocht in ihr die Wut, weil sie den Vergewaltiger ständig im Büro begegnet. In Zeiten der #MeToo-Debatte wird dabei eindrücklich deutlich, wie sexuelle Gewalt auch heute das Leben von Frauen zerstört.

Immer wieder fragen sich das vergewaltigte Frauen. Und doch ist die Bibel so klar: Tamar hat Amnon angefleht: »Nicht doch mein Bruder, schände mich nicht;

denn so tut man nicht in Israel. Tu nicht solch eine Schandtat!« (2. Samuel 13,12) Über all die Jahrtausende hinweg ist ihre Panik zu spüren, ihr Flehen, ihre Angst. Vergewaltigung ist ein besonders furchtbares Verbrechen, weil sexuelle Gewalt eine besondere Erniedrigung darstellt. In einer patriarchalen Gesellschaft wird die Frau danach ein zweites Mal erniedrigt, ein zweites Mal zum Opfer gemacht, weil nicht der Täter bestraft, sondern sie ausgegrenzt wird. Tamar ist schlicht machtlos sowohl gegenüber der physischen Gewalt von Amnon als auch gegenüber der Gewalt der gesellschaftlichen Konventionen.

Und genau so lässt sich die Abscheu gegenüber Amnon nachempfinden, die sich in Absalom eingenistet hat, gewiss auch ein Zorn gegenüber dem Vater, der nichts unternimmt, sondern den verwöhnten ältesten Sohn auch noch einfach so weiter machen lässt mit seinen Machtspielchen. Das widert an auch über all die Jahrtausende hinweg, die diese Erzählung alt ist.

Absalom liebt seine Schwester. Er sieht ihr Elend und er will sie rächen. Eine Art Ehrenmord der anderen Art plant er. Nicht die Frau, die ohnehin schon gestraft genug ist, soll büßen, sondern der Täter. Klug ist Absalom, denn er lässt Zeit ins Land gehen. Vielleicht denken die anderen ja, er hätte das alles vergessen? Normalität stellt sich ein.

Da wir von Tamar nie wieder etwas hören: Vielleicht hat sie sich das Leben genommen, vielleicht konnte sie nicht weiterleben mit dieser Zerstörung ihrer Zukunftsperspektiven. Oder sie ist versunken in ihren Depressionen, konnte keine Lebensfreude mehr empfinden. Die

Vergewaltigung hat ihr Leben zerstört, so oder so. Unerträglich ist das für Absalom, der sie so sehr liebt.

Dabei ist er strategisch eiskalt. Er hat Zeit und plant seine Rache akribisch. Nach zwei Jahren scheint fast vergessen, was Amnon Tamar angetan hat. Alles geht seinen Gang, nur Absalom sieht täglich, wie Tamar leidet. Die anderen hegen keinen Verdacht mehr, dass jetzt noch etwas passieren könnte. David hat die Sache vielleicht schon vergessen, Amnon wird sich stark und sicher gefühlt haben, so eine Art Obermacho, der denkt, ihm kann keiner was. So hegt er keinerlei Verdacht, als Absalom alle Söhne des Königs, all seine Brüder und Halbbrüder also, zu einem Fest einlädt. Daran erscheint nichts bedrohlich, denn Amnon ist nur einer unter vielen. Seinen Bediensteten aber befiehlt Absalom, Amnon zu ermorden, sobald der angetrunken ist. Er weiß, er wird danach fliehen müssen, aber das nimmt er in Kauf.

Und so kommt es. Amnon trinkt gern und viel Wein, die Schergen Absaloms ermorden ihn. Die anderen Söhne Davids geraten in Panik und fliehen. Kurzzeitig erreicht David das Gerücht, alle seine Söhne seien getötet worden. Doch nur Amnon kehrt nicht zurück zum Vater. Gerächt wird der Mord an Amnon offenbar nicht. Ob David dachte, ja, das ist ja auch Gerechtigkeit gegen den Sohn, der die Tochter vergewaltigte? Ob Absalom darauf gewartet hat, dass er gerichtet wird für die Tat, die er angeordnet hat? Vielleicht war er einfach zufrieden: Tamars Vergewaltigung wurde gerächt. Und jetzt geht das Leben weiter, Auge um Auge, Zahn um Zahn, das ist das Gesetz, nach dem er lebt. Ob Tamar wollte, dass er Amnon ermorden lässt, davon wissen wir nichts. Vielleicht war ja auch sie von Rache zerfressen. Vielleicht aber fühlte sie auch gar nichts mehr und hatte sich längst aus dem Leben mit seinen großen Gefühlen zurückgezogen in ihre eigene Welt.

Absalom wird Jahre später aufbegehren gegen den Vater und in den Auseinandersetzungen brutal ums Leben kommen. Sein Vater David wird ihn bitterlich betrauern. Die Liebe Absaloms zu seiner Schwester aber wird dokumentiert. Denn er hinterlässt drei Söhne und eine Tochter. Die Tochter nannte er Tamar in Erinnerung an seine geschändete Schwester ...

Judas, Simon und Jonatan

Drei Brüder, die im Leben nur Krieg kennen

Bürgerkrieg herrscht im Land. König Antiochos hat die Ausübung der Rituale des jüdischen Glaubens verboten. Er will so allen Widerstand gegen seine Herrschaft unterbinden. Allein für den König sollen die Leute in Israel nun Opfer bringen, nicht für den Gott, an den sie glauben. Mattatias, ein jüdischer Priester, wehrt sich dagegen, das ist doch Gotteslästerung, findet er. Dafür tötet Mattatias sogar einen königlichen Boten und einen weiteren Landsmann, als diese das Opfer für den König abholen wollen! Offenbar meint er, im Kampf für den Glauben sei jedes Mittel recht. Auch wenn es im fünften Gebot heißt: »Du sollst nicht töten bzw. morden.« Ist das nicht ein Widerspruch? Mattatias meint offenbar, dass im Kampf für die Glaubensfreiheit ein solches Gebot übertreten werden darf. Er weiß aber, solcher Widerstand gegen königliche Dekrete wird hart bestraft. Aus Furcht vor Vergeltung flieht er deshalb mit seinen Söhnen und einigen Getreuen in die Wüste.

Drei Söhne hat Mattatias: Judas, Jonatan und Simon. O ja, die drei bewundern den Mut ihres Vaters. Er ist ihr großes Vorbild und er hat ihnen ja alles genau erklärt. Um die Freiheit ihres Volkes geht es, um Glaubensfreiheit. Sein Kampf ist ihr Kampf!

Doch dann kommt eine schwere Erschütterung: Der Vater stirbt! Das verunsichert sie erst einmal, damit hatten sie nicht gerechnet. Wie soll das werden, ein Leben ohne den Vater, der vorgibt, wie sie leben, wie sie handeln? Aber, sagen sie sich: Es muss weiter gehen. Vater ist nicht umsonst gestorben, wir werden alles tun für die gerechte Sache. Kämpfer für die Sache des Vaters werden sie deshalb alle drei, Anführer des Aufstandes gegen den König,

Autoritäten für das Volk, Vorkämpfer für ihren Glauben. Simon kämpft in Galiläa, Judas und Jonatan an anderen Orten. Sie entwickeln eine Art Guerillataktik und stetig sind sie erfolgreich.

Wer das biblische Buch 1. Makkabäer liest, hört von einer Abfolge von Kämpfen gegen Feinde, die drei Brüder sind offenbar permanent im Kriegszustand. Was wird das mit ihnen gemacht haben? Männer, die nur Krieg kennen, entwickeln ganz eigene Lebensweisen, wir sehen sie bis heute in den Kriegen dieser Welt.

Besonders in dieser Geschichte ist, dass sich die drei Brüder ganz offenbar blind aufeinander verlassen. Zwischen den dreien gibt es abgrundtiefes Vertrauen, da ist ein unzerstörbares Band zwischen ihnen. Judas gibt den Ton an, aber nicht überheblich, sondern als anerkannt Ältester, der Entscheidungen trifft, die sie gemeinsam tragen. Und sie werden am Ende erfolgreich sein! König Antiochos gewährt den Juden Religionsfreiheit, das Ziel ihres Vaters ist erreicht. Was für ein Triumph! Vater, wir haben es geschafft. Die Söhne haben ihren Auftrag erfüllt. Und sie gehen noch darüber hinaus: Die Brüder und ihre Mitstreiter erobern den Tempel in Jerusalem und reinigen ihn, damit er wieder ganz dem jüdischen Kultus zur Verfügung stehen. Was für ein Fest muss das gewesen sein: Wir haben es geschafft! Vater wäre stolz auf uns, denn dafür hat er gestanden, dafür hat er gekämpft. Das Chanukkafest in der jüdischen Tradition erinnert bis heute daran.

Wir können die drei vor uns sehen. Junge Männer in Kampfanzügen, stolz auf ihre Kämpfe, glücklich, dass sie durchsetzen konnten, was sie als Auftrag geerbt haben. Aber wann kommen eigentlich Verschnaufpausen? Einmal heißt es: »So hatte das Land Judäa für kurze Zeit Ruhe.« (1. Makk 7,50) Für kurze Zeit. Aber dann wird weiter gekämpft. Können die Männer überhaupt noch zur Ruhe kommen? Ist eine Friedenszeit überhaupt ihr Traum? Oder kennen sie einfach nur Krieg, ist eine andere Existenz als die als Soldat für sie gar nicht denkbar? Ob sie darüber gesprochen haben miteinander? Auf jeden Fall ist dieses Trio mächtig geworden und sie werden diese gemeinsame Macht auch genossen haben.

Es heißt in der Bibel: »Sie herrschten über die Könige nah und fern und alle, die auch nur ihren Namen hörten, fürchteten sie. Wen sie unterstützen und zum König einsetzen wollten, der durfte herrschen; wen sie aber nicht wollten, den setzten sie ab. Und so wurden sie sehr mächtig.« (1. Makk 8,12f.)

Was für großartige, anscheinend unbesiegbare Helden! Irgendwann aber überschätzt sich dann Judas. In einer Schlacht ist der Gegner ganz offensichtlich stärker als er und seine Mannen und er bekommt Angst, denn er sieht, dass er keine Chance hat. Seine Mitstreiter sagen klar: Das bringt nichts, lass uns unser Leben retten. Judas aber kann sich keinen Rückzug, keine Niederlage zugestehen. Das macht doch einer von uns nicht, das wäre ja Kuschen vor dem Feind! Vor anderen fliehen, das wäre das letzte! Und so stirbt er, in dieser Schlacht. Jonatan und Simon sind schockiert. Irgendwie haben sie sich unbesiegbar gefühlt zu dritt. Das erschüttert sie zutiefst: Judas ist nicht mehr dabei, das Trio ist zum Duo geworden. Sie begraben ihn neben ihrem Vater …

Der Tod von Judas lässt die Siegesgewissheit, diesen Erfolgstaumel ins Wanken geraten. Zwar kämpft Jonatan mit Simon zunächst weiter, wieder folgt in den Beschreibungen ein Kampf nach dem nächsten, aber schließlich wird auch er getötet. Simon muss vollkommen schockiert sein. Sie sind verletzlich, ja auch sie sind nur Menschen, die sterben können. Beide Brüder, mit denen er alles geteilt hat, mit denen er den Auftrag des Vaters fortführen wollte, sie sind tot! Er bleibt allein zurück. So eng wie ihr Verhältnis war, kam wohl niemand anderes an ihn heran.

Aber es hilft nichts, Simon wird nun als Anführer angesehen, das Volk bittet ihn darum, heißt es. Hätte er jetzt nicht sagen können: Nein, danke. Meine Brüder sind tot, sie haben mir so viel bedeutet. Ich will jetzt nicht auch noch in diesem ewigen Kampf sterben! Ich würde in Frieden leben mit meiner Familie. Lasst mich doch, es sind schon genug von uns gestorben! Er tut es nicht, er kämpft weiter und wird am Ende auch ermordet samt seinen Söhnen, die er nach Vater und Bruder benannt hatte: Mattatias und Judas.

Die Botschaften bleiben von Generation zu Generation. Wir können uns nur schwer loslösen von den Aufträgen, die wir von den Eltern empfangen. Simons Sohn Johannes wird nun die Kämpfe weiterführen. Ihm und seinem Sohn Judas hatte er noch gesagt: »Ich und meine Brüder und das Haus meines Vaters haben von Jugend auf bis zum heutigen Tag Krieg gegen die Feinde des Volks geführt, und oft ist es gelungen, Israel durch unsre Hände zu retten. Weil ich aber nun alt geworden bin und ihr durch die Gnade alt genug seid, sollt ihr an meine Stelle und an die meines Bruders treten und ausziehen und für unser Volk kämpfen.« (1. Makk 16,2f.)

Traurig irgendwie, diese Geschichte. Die jungen Männer haben keinen Frieden kennen gelernt, sie wissen nur, was kämpfen heißt. Kaum vorstellbar, dass sie am Lagerfeuer sitzen und darüber reden, welche Frau sie lieben, wie es aussieht mit Kindern. Wie wäre es, ein Haus zu haben, in das du jeden Tag zurückkehrst, Feldarbeit, die auf dich wartet, oder Vieh, das versorgt werden muss, ein Abend mit Freunden im Garten? Oder haben sie mal darüber gesprochen: Ist es das wert, all diese Kämpfe? Hätte unser Vater Mattatias das wirklich gewollt, dass wir alle sterben, um der Sache willen?

Wie sehr die Brüder sich liebten, ich denke, dafür ist ein Zeichen, dass immer einer vom anderen übernimmt, sie ihre je eigenen Söhne nach den anderen benennen. Aber sie bleiben im Kampfmodus. Sie können die Spirale der Gewalt nicht durchbrechen und fordern auch noch die eigenen Söhne auf, weiter zu kämpfen. Hätten sie den Söhnen nicht etwas anderes hinterlassen können? Einen Traum vielleicht, wie Martin Luther King es tat, einen Traum vom Frieden, vom Ende aller Kämpfe? Eine Vision davon, wie Menschen frei miteinander leben könnten?

Und wie war das mit der Liebe in ihrem Leben? Von der Mutter ist nirgends die Rede. Hatten sie überhaupt dieselbe Mutter oder waren es verschiedene? Ist sie früh verstorben, gab es keinen Einfluss durch sie? Frauen hatten sie offenbar, sonst wären keine Söhne geboren, aber von den Frauen ist keine Rede. Die drei Brüder bleiben verschworen in ihrer Männerwelt verhaftet. Ja, sie ver-

Judas, Simon und Jonatan

trauen einander, sie respektieren einander, sie kämpfen für dieselbe Sache. Aber irgendwie glücklich scheint die ganze Geschichte nicht …

Jesus und seine Geschwister

Der Älteste nervt irgendwie – und ist doch besonders

Lk 8,20; Mk 6,3

Jesus ist der Älteste unter den Geschwistern. Immer wieder erzählen die Eltern von seiner Geburt, wie dramatisch es war damals, als Mama hochschwanger wegen der Volkszählung mit Papa nach Bethlehem reisen musste. Oh nein, sie können diese Geschichte echt nicht mehr hören! Jesus, der Bewunderte, bei ihm war ja alles SO besonders. Hirten wären damals gekommen und hätten den kleinen Jesus bewundert. Und wenn Vater Josef ein Glas Wein getrunken hat, kommt garantiert die Erzählung von den beeindruckenden Männern, die wie Könige aussahen und Geschenke mitbrachten. Früher mochten die kleinen Geschwister diese Geschichten, aber jetzt verdrehen sie oft die Augen. Meine Güte, denken sie, wir wurden auch geboren, ist ja gut mit all diesen Geschichten. Und sie blinzeln sich an und kichern manchmal: Ja, Jesus, dieser Sonderling.

Später denken sie: Jesus ist ein Ärgernis, er ist peinlich. Läuft herum und tut so, als könnte er die Heilige Schrift auslegen! Meine Güte, sie sind doch keine studierten Leute. Papa ist schlicht Schreiner in Nazareth, was denkt Jesus sich denn. Die Nachbarn tuscheln schon und fragen hinter vorgehaltener Hand, ob der Älteste der Familie etwas durchgeknattert ist. Jetzt zieht Jesus im Land herum mit ein paar Fischern an seiner Seite und redet vom Reich Gottes. Eine ganze Anhängerschaft hat er inzwischen, Frauen und Männer, die ihn begleiten. Als er in der Nähe von Nazareth ist, sagen die Geschwister: Mutter, lass uns hingehen. Wir müssen mit ihm reden, er bringt die ganze Familie doch in Verruf.

Als sie an den Ort kommen, an dem Jesus sein soll, ist da eine große Menge von Menschen. Sie bitten jemanden, Jesus zu rufen, ihm zu sagen, dass sie mit ihm reden wollen. So wird Jesus die Botschaft übermittelt: »Siehe, deine Mutter und deine Brüder und deine Schwestern draußen fragen nach dir. Und er antwortete und sprach: Wer sind meine Mutter und meine Brüder? Und er sah ringsum auf die, die um ihn im Kreise saßen, und sprach: Siehe, das ist meine Mutter und das sind meine Brüder.« (Mk 3,32ff.)

Jetzt reicht es den Geschwistern. Was glaubt Jesus eigentlich, wer er ist? Von den Schwestern sagt er schon gar nichts und dann erklärt er noch, diese fremden Leute seien seine Familie. Das ist eine heftige Abfuhr und unfassbar arrogant. Wie kann er nur so mit Mama umgehen, da fehlt ihm ja jeder Respekt. Und das auch noch öffentlich, vor allen Leuten! Wenn er nicht mehr unser großer Bruder sein will, dann wollen wir auch nicht mehr seine Geschwister sein. Soll er doch bleiben, wo der Pfeffer wächst. Dann muss er halt allein klar kommen. Wenn er in Schwierigkeiten gerät, hat er ja seine neuen Freundinnen und Freunde, die können ihm dann helfen. Wir jedenfalls nicht mehr. Er kann uns mal …

Ja, verletzt sind sie, die Geschwister von Jesus, zurückgewiesen fühlen sie sich. Sie setzen sich zusammen und sagen: Wenn er uns nicht mehr sehen will, kümmern wir uns in Zukunft auch nicht mehr um ihn. Dann soll er halt sehen, wo er bleibt ohne Familie. Wir sind es jetzt jedenfalls nicht mehr.

Mutter Maria aber weint und weint. Es tut ihr weh, dass ihr Sohn sie so behandelt. Noch schlimmer aber findet sie die Zurückweisung der Geschwister. Sie will doch,

dass alle in Frieden miteinander leben, es sind doch alles
ihre Kinder! Am Anfang hat sie ja versucht, Jesus zu verstehen. Damals, als er im Tempel gelehrt hat. Er war noch
so jung. Die Überheblichkeit der Jugend, dachte sie. Oder
einfach nur eine Phase, Pubertät. Danach war sie eigentlich sehr stolz auf ihn. Auf der Hochzeit in Kana hat er ja
geradezu Wasser in Wein verwandelt. Wie da alle gestaunt
haben. Das fand sie richtig gut. Ihr Sohn kann so etwas,
sie war auf einmal sehr geachtet. Und dann ist sie mit
den anderen Kindern sogar mit ihm gezogen nach Ka-
pernaum (Joh 2,12), das war schon aufregend.

Aber inzwischen ist ihr die Sache unheimlich. Die anderen Kinder haben ja recht. Die Leute munkeln schon:
»Ist das nicht der Sohn des Zimmermanns? Heißt nicht
seine Mutter Maria? Und seine Brüder Jakobus und Josef und Simon und Judas? Und seine Schwestern, sind
sie nicht alle bei uns?« (Mt 13,55) Musste er auch nach
Nazareth kommen und sich anmaßen, in der Synagoge
zu lehren?

So verfolgt Maria mit ihren anderen Kindern von
Ferne, was geschieht. Jesus wird immer bekannter, immer
mehr Menschen schließen sich ihm an. Das ist auch be-
ängstigend. Was, wenn die Römer das als Angriff sehen,
als Zusammenrottung, Aufruhr? Sie könnten alle in Sip-
penhaft genommen werden! Am liebsten würden die Geschwister Jesus einfach auslöschen, aber andauernd werden sie auf ihn angesprochen nach dem Motto: Na, schon
gehört, was er jetzt wieder gesagt hat?!

Aber als er sich offenbar aufmacht nach Jerusalem, da
wächst auch die Angst um ihn. Ist er denn jetzt völlig ver-

rückt geworden? Will er noch mehr provozieren? Zum Passahfest nach Jerusalem gehen, das ist so ein großes Risiko. Er könnte doch nach Hause kommen, nach Nazareth, wir könnten hier alle in Ruhe leben …

Und dann kommen die Nachrichten Schlag auf Schlag: Er wurde verhaftet, er ist angeklagt – sie werden ihn kreuzigen. Oh nein, das kann nicht sein. Bei allem Ärger, er ist doch ihr Bruder, er ist kein Straftäter, kein Verbrecher! Vielleicht hat er zu viel geredet, vielleicht war er überheblich, aber dafür muss ein Mensch doch nicht sterben! Was können wir nur tun? Maria ist nicht mehr zu halten, sie will zu ihrem Sohn. Aber die Mutter allein nach Jerusalem ziehen lassen, das geht doch nicht. Also beschließen die Geschwister, dass Jakobus mit ihr geht.

Maria wird unter dem Kreuz stehen, als ihr Sohn stirbt. Sie wird mit anderen Frauen gehen, um ihn zu salben, und Zeugin sein, dass der Tod an ihm nicht das letzte Wort hatte. Auch Jakobus muss das verstanden haben und die anderen Geschwister mit ihm. Denn unter den Jüngern finden sich nach der Auferstehung auch seine Brüder (1. Kor 9,5) und Jakobus wird mit anderen die Jerusalemer Urgemeinde leiten. Ja, Angst haben sie immer wieder. Aber inzwischen glauben sie daran, dass ihr großer Bruder einer war, der etwas wusste von Gott, der mit seinen Erzählungen nicht angeben wollte, sondern Wege zu Gott gewiesen hat. Der befreiend sagen konnte, dass Gott die Menschen liebt und der Tod nicht die letzte Macht im Leben ist.

Manchmal weinen sie jetzt um ihn, um den Streit und dass sie sich nicht mehr versöhnt haben, bevor er starb.

Dann denken sie: Wir hätten nicht so neidisch sein sollen, wir hätten mehr zuhören sollen, was er zu sagen hatte, wir waren ungerecht in dem, was wir gedacht und getan haben. Aber dann spüren sie die Kraft der Vergebung, die von Jesus ausgeht, auch nach seinem Tod. Und diese Nachricht geben sie weiter an die nächste Generation.

Gut, dass sie nicht mehr erfahren mussten, wie die kirchliche Tradition versucht hat, sie auszulöschen. Maria sollte unbedingt ewige Jungfrau sein und keine weiteren Kinder geboren haben. Da werden Legenden erfunden, die Geschwister seien in Wirklichkeit Kinder von Josef aus erster Ehe oder Kinder ihrer Schwester, die Maria angenommen habe. Wie merkwürdig. Vielleicht waren es ja gerade die Geschwister, die Jesus als großen Bruder gelehrt haben, wie ein Mensch gut Geschichten erzählt. Vielleicht hat Jesus nur durch seine Geschwister begriffen, dass du im Leben für andere Verantwortung hast. Gewiss hätte er nicht so eine gute Beziehung zu seinen Jüngerinnen und Jüngern aufbauen können, hätte er keine Schwestern und Brüder gehabt. Ja, sie waren für ihn wie eine Familie. Aber er wollte die echte Familie ja gar nicht so heftig zurückweisen. Er war enttäuscht, dass sie nicht anerkennen wollten, wer er war, welchen Auftrag von Gott er für sich gespürt hat.

Als Jesus aber mitten im qualvollen Leiden am Kreuz seine Mutter sieht und von Ferne wohl auch Jakobus, da kann er in Frieden sterben, denn er weiß, seine Familie steht zu ihm, hat ihm die Zurückweisung verziehen. Wahrer Gott ist er, wie die Kirchenväter gesagt haben, aber eben auch wahrer Mensch. Und deshalb liegt ihm seine Familie am Herzen bei allen Konflikten, die es gibt. Er liebt seine Eltern und auch seine Geschwister, es tut ihm gut, zu wissen, wie sehr sie ihn auch lieben bei aller Eigenheit, die sein Weg bedeutet hat.

Jakobus und Johannes

Gemeinsamer Aufbruch zweier Brüder

Mt 4,17; Mk 5,10 u.a.

Fischer sind seine Jungs, wie ihr Vater. Es ist ein hartes Leben, aber Zebedäus kann sich und seine Familie davon gut ernähren. Seine Söhne Jakobus und Johannes haben das Handwerk von ihm gelernt. Er ist stolz auf sie. So kann das Leben doch weitergehen. Die beiden werden eine Frau finden, Familien gründen und auch ihr Auskommen haben mit der Fischerei. Alles läuft seinen ruhigen Gang, Zebedäus ist zufrieden, seine Frau und seine Söhne auch.

Interessant finde ich, dass das ja im Grunde auch heute, rund 2000 Jahre später in Deutschland, so ist: Die Menschen wünschen sich schlicht ein ruhiges Leben. Haben meine und die nachfolgende Generation noch gegen die Eltern rebelliert, zeigt die Shell-Jugendstudie, dass Jugendliche heute gute Beziehungen zu den Eltern haben und sich eine beständige Beziehung und auch eigene Kinder wünschen. Wir können also die Situation der Familie von Jakobus und Johannes damals im alten Israel ganz gut nachempfinden.

Eines Tages aber sitzen die beiden Brüder am Ufer des See Genezareth und flicken die Netze. Da ruft jemand: Wollt ihr mitkommen? Oh nein, es ist dieser Jesus aus Nazareth, von dem überall gesprochen wird in der Region. Er soll Menschen geradezu verführen, ihr altes Leben hinter sich zu lassen. Eine richtig merkwürdige Sekte ist da entstanden. Vater Zebedäus warnt sofort: Jungs, das ist nichts für euch, lasst euch bloß nicht zu Unsinn verleiten.

Aber die beiden jungen Männer sind aufgeregt. Das ist spannend, mal etwas ganz Neues! Was soll das hier auch für ein Leben sein? Auf immer und ewig wie der Vater hier sitzen, Netze flicken, Fische fangen, Fische essen, Fische verkaufen? Mit diesem Jesus mitgehen, meine Güte, das wäre aufregend! Sie kämen endlich mal raus, würden etwas ganz Neues erleben. Die zwei schauen sich an, sie sind so vertraut und spüren, dass sie dasselbe denken. Sie zögern nicht lange und sagen: »Wir kommen mit!«

Und dieser Schritt verändert ihr Leben, es ist eine echte Berufung für sie. Gemeinsam mit dem anderen Bruderpaar, Simon und Andreas, werden sie die engsten Vertrauten von Jesus. Sie ziehen mit ihm durchs Land. Sie erleben, wie er Menschen heilt. Sie erleben, wie er durch sein Reden andere begeistert. Und ja, so muss Gott sein, so wie Jesus das erzählt. Sie empfinden tiefe Bewunderung für ihn und sie können sich begeistern für seine Sache. Das Leben ist so ganz anders geworden, voller Hingabe begleiten sie Jesus.

Eines Tages nimmt Jesus sie mit auf einen hohen Berg (Mt 17,1ff.). Sie sind wie in Trance und haben das Gefühl, Gott ganz nahe zu sein. Ja, es scheint ihnen, als ob all die Propheten, Mose, Elia auf einmal anwesend sind. Lange reden Jakobus und Johannes später darüber. Meinst du, da haben wir echt Mose und Elia gesehen? Und hast du auch diese Stimme gehört: »Das ist mein lieber Sohn«? Oder waren das Halluzinationen, hatten wir vielleicht zu viel Wein getrunken? Aber es gärt in ihnen. Das war ein so überwältigendes Gefühl. Eine Gotteserfahrung, ja wirklich. Sie sprechen oft miteinander und sagen sich: Wie gut, dass wir das zusammen erlebt haben, sonst würden wir es gar nicht recht glauben können. Die Verbindung der beiden Brüder wird noch enger, als sie schon war. Sie wissen, sie haben Vater Zebedäus und auch ihrer Mutter großen Kummer gemacht mit ihrem Weggang. Aber das hier ist ihr Leben und es scheint doch auf ganz andere Weise Sinn mit sich zu bringen.

Mit der Zeit sagen sie sich: Doch, das war wahr, das war echt. Jesus ist von Gott gesandt, er ist wirklich Gottes Sohn. Aber wenn wir ihm schon so nahe sind, müssten wir dann nicht auch später, in Gottes Zukunft, nach dieser Zeit und Welt etwas davon haben? So gehen sie zu Jesus und sagen (Mk 10,35ff.): Könnten wir nicht im Reich der Himmel, das kommen wird, so an deiner Seite sein wie jetzt, direkt neben dir, rechts und links? Jesus reagiert merkwürdig. Er fragt sie, ob sie das durchstehen können, was er wird durchstehen müssen. Die Brüder sind selbstbewusst: Natürlich können wir das! Wir sind jung, wir sind stark und tapfer. Jesus sagt, so wird das dann sein. Aber was in Gottes Zukunft geschieht, kann ich nicht entscheiden.

Die anderen in der Begleitung hören später, worum Jakobus und Johannes gebeten haben, und sie ärgern sich. Müssen die beiden sich so hervortun? Warum denken sie eigentlich, dass sie dem Rabbi enger verbunden sind als wir? Jesus aber sagt: Glaubt nicht, dass es darum geht, wer der größte, beste, stärkste ist. Es geht darum, das eigene Leben für die anderen einzusetzen.

Jakobus und Johannes werden nachdenklich. Das eigene Leben einsetzen? Was kann das bedeuten? Das haben wir doch schon, wir haben unser altes Leben hinter uns gelassen, um mit Jesus zu gehen. Was soll denn noch kommen? Sie werden immer unruhiger, als sie merken, dass einerseits die Begeisterung für Jesus wächst, gerade bei den kleinen Leuten, andererseits aber auch das Gegrummel: Was bildet der sich ein? Ist das nicht Widerstand gegen das römische Reich, ja Aufruhr gar? Und wie ist das mit der religiösen Lehre, was maßt Jesus sich an, sie zu kritisieren, die Schrift selbst zu interpretieren? Es braut sich etwas zusammen, das merken sie.

Als sie in Jerusalem sind, feiern sie mit Jesus und den anderen Freunden ein sehr schönes Passahfest. Irgendwie ist die Stimmung besonders, Jakobus und Johannes spüren das. Sie essen Brot, sie trinken Wein, danach gehen sie spazieren. Als sie zum Garten Gethsemane kommen, nimmt Jesus die beiden und Simon mit und sagt: Es geht mir nicht gut. Bitte bleibt hier, bleibt wach und wartet auf mich. Aber die drei sind müde und schlafen ein. Als Jesus sie weckt, spüren sie, wie verzagt er ist, er zittert richtig. Was ist nur los? Hat Jesus Angst? Es tut ihnen leid, dass sie eingeschlafen sind, was können sie nur tun?

Aber da passiert es schon, Soldaten kommen. Mit Schwertern stehen sie auf einmal da und nehmen Jesus fest! Oh nein, so mutig sind die beiden Brüder dann doch nicht, Jesus zu verteidigen. Sie sind ja auch völlig unbewaffnet, sie könnten ja selbst festgenommen werden. Also fliehen sie, so schnell sie können. Das ist nun ganz anders als der Aufbruch. Es ist ein gemeinsamer Schritt, eine Feigheit, die sie ein Leben lang bereuen werden. Sie schämen sich so sehr. An der Seite von Jesus hatten sie sein wollen, sogar im Reich Gottes. Und jetzt waren sie verzagt, bei der ersten Gelegenheit, bei der sie ihn hätten verteidigen sollen. Fassungslos, verzweifelt erleben sie von

Ferne den Prozess und dann auch die entsetzliche Qual der Kreuzigung. Sie würden ihrem Freund so gerne noch etwas sagen, ihn um Vergebung bitten, dass sie nicht wach geblieben sind, nicht mit ihm gebetet haben im Garten Gethsemane. Und dass sie dann nicht mutig genug waren zu sagen: Wir sind seine Freunde. Wenn ihr ihn verhaftet, dann auch uns. Damals, als sie Jesus nicht beherbergen wollten in einem Dorf in Samarien, da hatten sie sich noch groß gefühlt. Den ganzen Ort wollten sie zerstört wissen, weil Jesus zurückgewiesen wurde (Lk 9,54). Aber jetzt? Nein, tapfer waren sie nicht gewesen an dem Abend im Garten Gethsemane.

Wie gut, dass sie sich haben, die beiden Brüder. Kein anderer könnte ihren Kummer verstehen. Nächtelang reden sie miteinander. Und sie denken an Jesus. Wie würde er das sehen, würde er verstehen?

Und dann kommen die ersten Erfahrungen, dass Jesus gar nicht endgültig von ihnen gegangen ist. Sie spüren seine Präsenz. Sie erleben, dass sein Geist ihnen die Kraft gibt, weiter zu leben, ja von ihm zu erzählen. Sie suchen wieder die Gemeinschaft mit den anderen, mit Petrus und Andreas, mit den Frauen, die dabei waren, der Mutter von Jesus und seinen Brüdern. Sie bleiben beieinander und stützen sich gegenseitig in ihrer Trauer, aber auch in dieser zunehmenden Gewissheit: Dieser Tod war kein Ende, sondern ein Anfang. Wir gehen den Weg mit Jesus weiter, auch wenn er gekreuzigt wurde.

Und so werden Johannes und Jakobus neben Petrus als drei »Säulen« der Jerusalemer Gemeinde angesehen (Gal 2,9). Sie, die drei, die Jesus am nächsten waren, sind es jetzt auch, die seine Anhängerschaft in die Zukunft geleiten und weiter von ihm erzählen. Sie wissen jetzt, sein Tod war nicht das Ende, sondern ein Anfang.

Die Spur von Johannes verliert sich in der Geschichte. Manche meinen, er habe das Johannesevangelium geschrieben, er sei auch der Jünger, von dem gesagt wird, dass Jesus ihn besonders liebte. Aber all das ist nicht belegt. Berichtet wird, dass Jakobus von Herodes getötet wird (Apg 12,2). Beide Brüder haben ihr ganzes Leben in den Dienst Jesu gestellt, seit sie aufgebrochen sind am See Genezareth. Sie haben es offenbar nicht bereut, es war ein Aufbruch mit Jesus und die Entdeckung eines ganz neuen Lebens. So sind die Brüder ihren Lebensweg gemeinsam gegangen durch die Höhen und die Tiefen bis zuletzt.

Herodes und Philippus

Wenn ein Mann die Frau des Bruders liebt ...

Mt 14,1ff.

Die Geschichte, die hier im Matthäusevangelium erzählt wird, ist eine echte Soap Opera. Sie wäre heute für die bunten Blätter, die über die Reichen und Schönen erzählen, ein gefundenes Fressen. Es geht familiär drunter und drüber, Liebe spielt eine Rolle, aber auch Berechnung und Geld. Doch schauen wir erst einmal genau hin:

Herodes Boethos liebte seine Frau, die schöne Herodias, sehr. Sie war seine Halb-Nichte. Ihr Vater Aristobulos wurde vom König Herodes, seinem eigenen Vater, hingerichtet, weil er glaubte, der Sohn wolle ihn vom Thron stürzen. Das geschah, als Herodias noch ein Kleinkind war. Begleitet von ihrer Mutter Berenike, wuchs sie später in Rom auf. Ihr Onkel, Sohn aus der zweiten Ehe von König Herodes, kümmerte sich um die Familie.

Und wie das manchmal so ist, wurde aus der Vertrautheit der beiden, die seit Kindertagen gewachsen war, irgendwann Liebe. Die beiden heirateten und bekamen eine Tochter, Salome. Es ging ihnen gut, der Sohn des Königs war finanziell abgesichert, alles war im rechten Lot.

Aber dann starb König Herodes. Und zum Schock seines Sohnes Herodes Boethos hatte er ihn im Testament nicht bedacht. Das Leben veränderte sich rasant. Sie mussten das schöne Haus verlassen, in eine kleine, fast erbärmliche Wohnung ziehen. Beim Einkaufen musste Herodias genau aufs Geld achten. Streit zog in die Ehe ein mit der Verarmung. Die Leute lästerten hinter ihrem Rücken, aber natürlich hörte Herodias das. »Herodes ohne Land« wurde ihr Mann verspottet. Das war demütigend! Und auch Salome grollte, keine schönen Kleider mehr, keine

Anerkennung durch andere! Sie verachtete den Vater für den sozialen Abstieg.

Und dann, ja dann kam ab und zu sein Halbbruder zu Besuch, Herodes Antipas. Er war anders als sein Bruder der Haupterbe des Vermögens vom großen Herodes. Wenn er kam, dann brachte er schöne Stoffe mit, Glanz kam in die bescheidene Hütte. Herodias und Salome freuten sich riesig und gaben sich alle Mühe, ihm zu gefallen. Und die beiden gefielen ihm! Aus kleinen Anmerkungen wurden Anzüglichkeiten, aus Blicken wurden Berührungen und es wurde klar: Herodes Antipas und Herodias, die sind ein Paar.

Was für eine zusätzliche Demütigung für Herodes Boethos. Erst enterbt ihn der Vater, dann nimmt der Bruder ihm die Frau! Herodes Antipas aber ist ein Siegertyp. Er fackelt nicht lange, verstößt seine eigene Ehefrau und heiratet Herodias. Die beiden wollen zusammen sein, koste es die Beziehung zum Ehemann beziehungsweise zum Bruder. Und Salome gefällt das gut. Mit dem neuen Stiefvater kommt sie heraus aus diesem Dreckloch. Endlich kann sie wieder das Leben führen, dass sie sich gewünscht hat.

Die Leute aber murren: Das ist nicht Recht, ein doppelter Ehebruch vor den Augen der Öffentlichkeit. Besonders Johannes der Täufer kritisiert das. Im Namen Gottes mahnt er an, dass hier ein Mann und eine Frau ihre Ehen gebrochen haben und schuldig geworden sind. Herodes Antipas und seine Frau sind genervt von diesem Störenfried. Soll er doch Ruhe geben! Was geht diesen kleinen selbsternannten Propheten ihr Leben überhaupt an? Kurzerhand lässt Herodes Antipas Johannes den Täufer verhaften und ins Gefängnis stecken, das muss er sich nicht bieten lassen.

Wenig später gibt Herodes Antipas ein Fest. Seine Stieftochter Salome tanzt dabei ganz entzückend, Herodes Antipas ist hingerissen. Es knistert geradezu zwischen ihm und der Stieftochter. Jeden Wunsch würde er ihr erfüllen – und das sagt er auch. Salome aber hat sich längst mit ihrer Mutter Herodias abgesprochen. Sie wollen diesen elenden Johannes loswerden, seine ständige Kritik schadet ihrem Ruf. Und so umschmeichelt Salome den Stiefvater und sagt: Am liebsten hätte sie den Kopf von Johannes dem Täufer als Geschenk. Herodes Antipas hat vor anderen Leuten gesagt, er werde jeden Wunsch erfüllen. Aus diesem Versprechen kommt er nun nicht mehr heraus, wenn er nicht seinen Ruf als durchsetzungsfähiger Macher riskieren will. Also schickt er seine Schergen ins Gefängnis und lässt Johannes enthaupten. Der Kopf wird Salome auf einer Schale überreicht und sie bringt ihn ihrer Mutter.

Diese Geschichte wird erzählt bis heute. Was für ein durchtriebenes Weib ist diese Herodias! Erst verlässt sie den Ehemann für einen Reicheren, der für sie die eigene Frau verstößt. Dann stachelt sie die eigene Tochter an, dafür zu sorgen, dass ein großer Kritiker im wahrsten Sinne des Wortes mundtot gemacht wird. Wen habe ich da überhaupt geheiratet, wird Herodes Boethos vielleicht gedacht haben. Ist das die Frau, in die ich mich verliebt habe? Ist das das Mädchen, dem ich beigestanden habe, als sie jung und allein war?

Herodes und Philippus

Er richtet seine Enttäuschung, ja seine Abscheu, fast schon seinen Hass mehr auf seine Exfrau als auf seinen Bruder. Aber auch er, wie konnte er nur? Ihm muss doch schon klar gewesen sein, wie entsetzlich demütigend die Enterbung für ihn war. Und dann noch eins drauf setzen, ihm die Frau wegnehmen, ja auch noch die Tochter. Denn Salome, die spricht nicht mehr mit ihrem Vater. Als »Looser« sieht sie ihn an, sie verachtet ihn geradezu. Mit ihm will sie nichts mehr zu tun haben. Sie nennt jetzt seinen Bruder »Papa«, fast mit einem trotzigen Unterton. Aber ist nicht eigentlich ihr gemeinsamer Vater schuld? Wie konnte er den einen Sohn enterben, den anderen zum Haupterben machen?

Wir hören in der Bibel nie wieder etwas von Herodes Boethos. Vielleicht ist er enttäuscht und verarmt gestorben. Oder er hat sich das Leben genommen. Vielleicht hat er eine andere Frau gefunden, die nicht so sehr an Geld und Macht interessiert war wie Herodias, sondern an ihm als Menschen. Es wäre ihm zu gönnen. Aber diese Demütigung durch den Bruder wird er nicht verwunden haben. Der eigene Bruder spannt ihm die Frau aus. Was heißt denn das? War er kein guter Ehemann mehr, als er kein Geld mehr hatte? Na dann, Bruder, denkt er manchmal, wenn er zornig ist: Viel Spaß mit dieser Frau! Du hättest ja ein einziges Mal mit mir reden können über deine Gefühle, wir hätten doch einen Weg finden können. Aber so stehe ich da wie ein Depp, nein, Bruderliebe empfinde ich nicht mehr. Ich verachte dich!

Von Herodes Antipas ist bekannt, dass seine Frau Herodias ihn drängt, Königswürde zu erlangen. Ihr Bruder hat das nämlich erreicht bei Kaiser Caligula. Und das will sie nun auch: Königin sein. Irgendwie kann es diese Frau nicht lassen, sie will mehr Geltung, mehr Ansehen. Herodes Antipas kommt ins Nachdenken. Das war doch auch bei meinem Bruder so. Erst hat sie ihn verlassen, weil er nicht mehr interessant genug war, jetzt vielleicht mich. Ach, lieber Bruder, denkt er, ich hätte das nicht tun sollen. Du warst mir doch nahe. Ich vermisse dich.

Aber für solche Reue ist es zu spät. Getrieben von seiner Frau, reist Herodes Antipas also nach Rom. Und dann kommt der Schock: Es ist nicht nur vergeblich mit Blick auf eine mögliche Königswürde. Stattdessen kommt es viel schlimmer. Er wird seiner Ämter enthoben und nach Südgallien ins Exil geschickt.

Nun ist also auch er machtlos und gedemütigt wie einst sein Bruder. Aber interessanterweise: Herodias sucht sich keinen erfolgreicheren Ehemann, sondern folgt ihm dorthin. Und da verliert sich ihre Spur ...

Herodes Antipas aber denkt immer öfter an seinen Bruder. Herodias ist so ehrgeizig, ich hätte mich nicht verführen lassen sollen, lieber Bruder! So gern würde ich mich noch mit dir aussöhnen, bevor ich sterbe, wo bist du nur? Und ich habe auch noch andere Gewissensbisse. Ich hätte Johannes den Täufer nicht ermorden lassen sollen. Heute ist mir klar, das war ein Komplott von Herodias und Salome, aber damals war ich so blind für ihre Intrigen! Irgendwie war ich ja auch ein bisschen verliebt in Salome, diese schöne Tochter von euch beiden. Ja, ich gebe es zu, da war auch eine sexuelle Anziehungskraft. Jetzt habe ich alles verloren. Zum einen mein Amt und mein Ansehen wie du damals. Wäre ich bloß nicht nach Rom gefahren. Diese ganze Idee mit dem König-Werden war Schwachsinn, ein Hirngespinst von Herodias, die den Hals nicht voll genug kriegen konnte. Wir waren doch eigentlich zufrieden alle zusammen, so wie es war. Heute kann ich nachempfinden, wie es dir damals ging, lieber Bruder. Ich würde das alles gern rückgängig machen, glaub mir.

Das Band zwischen den beiden Brüdern ist zerbrochen, weil der Vater sie so ungleich behandelt hat. Es ist zerbrochen, weil die Frau des einen begann, den anderen zu lieben. Aber eben auch, weil die beiden Brüder nicht die Kraft hatten, ihre Bindung zueinander als wichtiger zu empfinden als alle Einflüsse der anderen.

Maria, Marta ...
und Lazarus
Ein Zusammenleben der besonderen Art

Lk 10; Joh 11f.

Maria, Marta und Lazarus leben zusammen in ihrem Elternhaus in Betanien. Die Eltern sind längst verstorben, aber die drei sind einander eng verbunden. Sie haben eine Art von Gemeinschaft gefunden, in der es ihnen miteinander gut geht. Manche im Ort munkeln über sie, das ist ihnen klar: Wie merkwürdig, keiner verheiratet, keine Kinder, was ist das denn? Aber die drei haben eine Lebensform gefunden, in der jeder und jede Raum für das eigene hat und sie doch füreinander da sind. Sie haben nicht das Gefühl, dass ihnen etwas fehlt, nein, sie sind sehr zufrieden so. Was soll sie das Geschwätz der Leute interessieren?

Eigentlich machen die drei Geschwister das, wovon wir auch heute oft sprechen: Sie finden eine neue Lebensform miteinander jenseits von traditioneller Ehe mit Kindern. So haben sie alle ihr Auskommen und sorgen füreinander. Aber auch heute würde wohl so mancher kritische Blick auf diese Konstellation fallen ...

Eines Tages lernen die drei Jesus von Nazareth kennen. Er kommt mit einigen Männern und Frauen nach Betanien und erzählt von Gott, von der Gerechtigkeit im Reich der Himmel, vom Frieden, in dem Menschen miteinander leben könnten. Die drei Geschwister sind begeistert. Was für ein faszinierender Mensch ist das! Und wie anregend ist es, mit ihm und seinen Schülerinnen und Schülern über den Glauben zu sprechen. Ihr Glaube an Gott wird auf einmal ganz neu lebendig.

Gastfreundlich wie sie sind, laden sie Jesus und seine Begleitung ein, in ihrem Haus zu essen und zu übernachten. Und sie sagen: Komm gern wieder, wir mögen deine

Gesellschaft. So wird Jesus im Laufe der Jahre ihr gemeinsamer Freund. Immer wieder kehrt er in ihr Haus ein und sie freuen sich darüber, sie sind gern Gastgeberinnen und Gastgeber für ihn und die Männer und Frauen, die ihn begleiten. Ihr Haus wird eine Art Diskussionssalon in Sachen Gott. Auch das finden manche im Ort natürlich wieder merkwürdig. Aber die drei Geschwister interessiert weiterhin nicht, was so geredet wird. Dieser Jesus hat etwas zu sagen, er macht Fragen zum Thema, die sie interessieren, sie freuen sich einfach jedes Mal, wenn er kommt.

Drei besondere Begebenheiten werden in der Bibel erzählt, die uns die drei Geschwister näherbringen. Als Jesus einmal zu Besuch kommt (Lk 10,38ff.), wird er freundlich aufgenommen wie stets. Maria setzt sich sofort zu ihm und hört begeistert zu, wie er von Gott redet, Geschichten erzählt. In der Zwischenzeit müht sich Marta in der Küche ab, um eine Mahlzeit für die ganze Gruppe zu erstellen. Irgendwann kommt sie entnervt und sagt zu Jesus: Du könntest Maria auch mal sagen, dass sie mir helfen soll. Jesus sagt daraufhin, sie mache sich ja gewiss viel Mühe, Maria aber habe das bessere Teil erwählt, indem sie ihm zuhört.

Dieser Vorfall sät Zwietracht unter den drei Geschwistern. Gastfreundschaft hin oder her, es kann doch nicht sein, dass die eine die ganze Mühe mit der Bewirtung hat, die Gästezimmer fertig stellt und dafür sorgt, dass alle sich wohlfühlen, während die andere einfach dabei sitzt und zuhört. Marta ist einerseits peinlich, dass sie das überhaupt zur Sprache gebracht hat, für Jesus sind ja Haushaltsdinge Nebensächlichkeiten, gewiss. Aber sie ist auch aufgewühlt, so kann das nicht gehen. Sie kommt sich ja vor wie ein Trottel, gut genug für die Küche, aber zu dumm zum Mitdenken! Sie will das ausdiskutieren und das tun sie, vertraut wie sie miteinander sind.

Maria tut leid, dass es zu dieser Situation gekommen ist, sie versteht Martas Verärgerung. Aber sie war einfach so gebannt, als Jesus anfing zu reden, da hat sie alles um sich herum vergessen und gar nicht mehr weitergedacht. Auch Lazarus bedauert, dass eine Spannung zwischen ihnen entstanden ist. Am Ende sagen sich die drei: Wir hätten doch die ganze Truppe auch einspannen können! Wenn sie das nächste Mal kommen, sagen wir einfach: Schön, dass ihr da seid! Und kommt, jetzt bereiten wir gemeinsam das Essen vor, ihr da beziehet die Betten, die anderen holen Wasser, um die Füße zu waschen, wir kochen gemeinsam, räumen zusammen die Küche auf und dann reden wir, hören wir, feiern miteinander einen schönen Abend. Ja, so machen wir das.

Maria, Marta und Lazarus besprechen das, als Jesus und seine Begleitung wieder gegangen sind. Ja, das nächste Mal werden sie das so machen. Das war ein blödes Gefühl für alle, sie wollen sich freuen auf den nächsten Besuch. Und die Gäste, die können sich ruhig ein bisschen einspannen lassen. Gastgeberschaft ist gut, aber nicht als demütige Bedienung der Gäste, sondern in Gemeinschaft und auf Augenhöhe. Das würde doch Jesus wahrscheinlich auch so sehen. Er ist ja eigentlich gar nicht einer dieser Männer, die sich immer bedienen lassen. Nachdem das geklärt ist, freuen sie sich auf den nächsten Besuch und können wieder in Harmonie miteinander leben.

Eine entsetzliche Erfahrung machen die Geschwister, als Lazarus schwer erkrankt (Joh 11,1ff.). Maria und Marta schicken Boten zu Jesus, sie hoffen, er kann kommen und ihrem Bruder, den sie so sehr lieben, helfen. Aber Lazarus stirbt. Die Schwestern stehen unter Schock! Sie sind in Aufruhr, sie können es nicht fassen. Wäre Jesus hier gewesen, wäre das sicher nicht passiert, denken sie. Er hätte ihn heilen, retten können. Als Jesus endlich, endlich in die Stadt kommt, ist Lazarus schon vier Tage tot. Marta rennt ihm entgegen und sagt: Wärst du nur hier gewesen! Jesus sagt ihr: Dein Bruder wird auferstehen. Marta glaubt ihm, ja, sie spürt selbst, dass sie tatsächlich glaubt: Jesus ist der Sohn Gottes, er hat Macht über Leben und Tod, durch ihn kann alles möglich werden. So rennt sie los und holt ihre Schwester Maria. Gemeinsam gehen sie mit Jesus zum Grab von Lazarus. Jesus weint, als er das Grab sieht. Er kann nicht fassen, dass der Freund tot ist. Laut ruft er: Lazarus. Und tatsächlich, Lazarus kommt aus dem Grab, er lebt! Ist das zu glauben? Die Schwestern sind fassungslos und glücklich zugleich. Was immer da geschehen ist, was immer wir verstehen können: Die Liebe der drei Geschwister zueinander und ihr Vertrauen in Jesus sind offenbar größer als Leben und Tod. Lazarus bleibt nicht bei den Toten. Er lebt weiter mit seinen beiden Schwestern. Die Macht ihrer Liebe war offenbar größer als die Grenze zwischen Leben und Tod.

Schließlich, eine dritte Erzählung, kommt Jesus eines Tages erneut zu Besuch (Joh 12,1ff.). Wieder bedient Marta die Runde, da sind die Rollen offenbar doch sehr eingeübt, trotz aller Diskussionen und Pläne, es anders zu machen. Maria aber nimmt an diesem Abend ein Pfund kostbares Öl, salbt Jesus die Füße und trocknet sie mit ihren Haaren ab. Was für eine liebevolle, ja geradezu zärtliche oder gar intime Geste! Es ist für alle anrührend, das zu sehen. Marta und Lazarus sehen sich an: Ist Maria vielleicht verliebt in Jesus? Ist das mehr als Freundschaft? Das ganze Haus ist erfüllt von dem Duft des wunderbaren Öls. Einen Moment scheint die Zeit still zu stehen.

Aber dann wird der so liebevolle Moment von heftiger Debatte gestört. Einer von den Schülern Jesu, Judas Iskariot, regt sich furchtbar auf: Was für eine Geldverschwendung ist das denn! Was hat dieses Öl wohl gekostet? Das hätten wir den Armen geben können! Bist du denn von Sinnen, Maria?

Tja und dann diskutieren sie den ganzen Abend. Ist es rechtens, einen Menschen zu verwöhnen, den wir lieben? Einen Menschen, von dem wir wissen, er hat einen schweren Weg vor sich? Maria hat doch alles Recht und alle Freiheit, das zu tun. Oder muss immer und ununterbrochen die gesellschaftliche Debatte im Raum stehen? Wie viel Privates darf Raum haben, wenn es um die großen Fragen von Politik und Wirtschaft geht? Heiß und hitzig wird diskutiert im Haus der Geschwister in Betanien. Kann Jesus nicht auch einmal ganz persönliche, private, ja liebevolle Momente erleben? Ist er immer nur die öffentliche Person? Und was ist mit der Sache? Kämpfen wir für Gerechtigkeit für die Armen, geht es wirklich darum? Oder geht es um ganz andere Fragen?

Maria, Marta und Lazarus bleiben zurück, als Jesus am nächsten Tag mit seiner Begleitung Richtung Jerusalem weitergeht. Sie machen sich Sorgen um ihn, weil so viele Erwartungen auf ihm ruhen. Was für ein Druck lastet da auf ihm. Ihre ganze Liebe begleitet ihn. Wie schön, dass Marta für ihn gekocht hat, dass Maria ihn so nach Strich und Faden verwöhnen konnte, dass Lazarus noch einmal so nahe bei ihm war. Was dann geschieht, verfolgen sie von Ferne. Sie werden weinen um Jesus. Aber sie haben sich als Gemeinschaft von Geschwistern, sie geben einander Kraft. Und nach dem, was sie erlebt haben, als Lazarus starb, wundert es sie nicht, als sie die Botschaft erreicht: Der Tod hatte nicht das letzte Wort im Leben des Jesus von Nazareth.

Andreas und Simon Petrus

Brüder mit sehr verschiedenen Gaben

Mt 8,14,16,19,26 u.a.

Andreas war Fischer in Betsaida am See Genezareth. Sicher, er war nur ein kleines Licht. Aber er war begeisterter Anhänger von Johannes dem Täufer. Der Mann faszinierte ihn, er lebte so einfach und redete so großartig. Gern hätte sich Andreas diesem Mann angeschlossen, er war völlig hingerissen von ihm.

Eines Tages aber geschah etwas, das Andreas sehr irritierte. Johannes sah Jesus von Nazareth vorübergehen und sagte: Ihm solltet ihr nachfolgen. Das ist doch merkwürdig, oder? Ich mag diesen Johannes, der tauft, von Gott spricht, einen Lebensstil vorlebt, der mich anspricht. Und jetzt schickt er mich zu einem anderen? Eigentlich will Andreas Johannes den Täufer nicht verlassen. Er ist verunsichert.

Aber dann tut Andreas gemeinsam mit einem anderen Anhänger von Johannes, was der gesagt hat. Sie schließen sich Jesus an. Am Anfang ist Andreas skeptisch, er zögert. War das wirklich richtig? Aber dann ist er mehr und mehr innerlich bewegt. Er versteht jetzt, was Johannes meinte, ja er ist überzeugt, jetzt hat er in diesem Jesus von Nazareth wirklich den Messias gefunden. Aufgeregt läuft Andreas zu seinem Bruder Simon und sagt: Komm sofort mit, da ist ein Mann, den musst du kennenlernen! Er bringt Simon zu Jesus. Merkwürdig. Jesus schaut den Bruder von Andreas in aller Ruhe an und erklärt, Simon solle nun den Beinamen Kephas, Fels, lateinisch Petrus, tragen.

Andreas ist ein bisschen verstört. Er hat das Gefühl, dass Jesus Simon bevorzugt behandelt. Ihn hat er bisher kaum wahrgenommen, dabei war er doch als erster dabei.

So bürgert sich auch sein Beiname ein, der Erstberufene wird er genannt. Aber was soll es bringen, viel nachzudenken? Sein Bruder ist offenbar auch sofort überzeugt, dass sich hier etwas abspielt, bei dem sie dabei sein sollten. Und so folgen Andreas und Simon Jesus von jetzt an. Sie gehören ab jetzt immer zum engsten Kreis der Menschen, die von Jesus begeistert sind. Manchmal aber nimmt Jesus auch nur Simon, sowie Jakobus und Johannes, das andere Bruderpaar mit. Dann grummelt es in Andreas und er fragt sich, warum Jesus Simon offenbar bevorzugt. Ist er es nicht wert, so nahe dabei zu sein?

Simon seinerseits teilt inzwischen die Begeisterung seines Bruders Andreas. Aber manchmal zögert er auch. Er hat Familie, an die muss er ja auch denken. Da gibt es schließlich Verpflichtungen, er kann nicht einfach alles zurücklassen. Seine Frau ist ziemlich skeptisch: Wohin soll das denn alles führen? Wie soll Geld ins Haus kommen? Es ist ja schön, von Gott zu reden und durch die Gegend zu ziehen, aber am Ende geht es darum, überleben zu können. Ihre Mutter ist manchmal außer sich. Was für ein Hallodri ist denn dieser Schwiegersohn? Statt für Einkommen und Essen zu sorgen, sinniert der über Gott und die Welt. Was soll nur werden?

Eines Tages wird die Schwiegermutter von Simon Petrus sehr krank. Er und seine Frau sind völlig verzweifelt, was können sie nur tun? Als Jesus ins Haus kommt, setzt der sich an ihr Bett, berührt die Schwiegermutter und sie wird gesund (Mt 8,14). Das beeindruckt Simon Petrus sehr. Doch, denkt er, Jesus ist ein ganz besonderer Mensch, der Messias könnte er sein, der Sohn Gottes.

Auch seine Schwiegermutter ist jetzt davon überzeugt, dass Jesus von Gott gesandt ist. Es wird leichter für Simon Petrus, die Familie zu verlassen, seine Frau und seine Schwiegermutter verstehen jetzt, welches Charisma dieser Jesus hat, welche Faszination von ihm ausgeht.

Aber der Zweifel legt sich nie so ganz für Simon Petrus. Einmal, als sie mit Booten auf dem See unterwegs sind, will er mutig sein und sagt zu Jesus, wenn er ihm befehle, zu ihm zu kommen, würde er übers Wasser gehen. Jesus ruft ihn, aber Simon überkommt doch die Angst zu ertrinken und Jesus zieht ihn aus dem Wasser. »Du Kleingläubiger«, sagt Jesus zu ihm (Mt 14,28ff.). Da ist Simon Petrus über sich selbst enttäuscht. Seine Angst war eben doch größer als sein Glaube, das muss er sich eingestehen.

Simons Vertrauen wächst, er sagt jetzt klar, dass Jesus Gottes Sohn ist, denn das hat er begriffen. Und Jesus sagt ihm im Gegenzug, er sei der Felsen, auf den er seine Gemeinde bauen wolle (Mt 16,15ff.). Das ist ja nun wirklich ein großes Zutrauen, darauf ist Simon Petrus wirklich stolz! Aber er hat weiterhin auch Angst. Als Jesus erklärt, er wolle nach Jerusalem gehen, versucht er, ihn abzuhalten. Was soll das, warum? Das ist doch viel zu gefährlich. Jesus wird zornig darüber, dass Simon Petrus meint, ihn von seinem Auftrag abbringen zu können (Mt 16,22f.). Doch Simon Petrus fragt ganz direkt: Wir haben alles aufgegeben, um dir nachzufolgen, Jesus. Was haben wir denn davon? (Mt 19,27) Jesus ist doch auch verantwortlich für die Menschen, die alles aufgegeben haben für ihn! Er kann nicht einfach machen, was er gerade denkt, findet Simon Petrus.

Andreas sieht, wie Simon Petrus mit Jesus ringt. Er zieht sich immer mehr zurück, er ist der Stillere von beiden. In der Regel steht Simon Petrus in der ersten Reihe, wenn es um Gespräche mit Jesus geht. Aber das macht nichts. Er selbst, Andreas, hat gar keine Zweifel, er hat von Anfang an Jesus als Sohn Gottes gesehen. E ist so dankbar, an seiner Seite sein zu dürfen, er muss gar nicht viel diskutieren. Aber es trifft ihn, als Jesus im Garten Gethsemane nur Simon Petrus, Jakobus und Johannes mitnimmt, um sich zurückzuziehen (Mt 26,37). Es war ja nicht das erste Mal, schon als Jesus dieses Mädchen geheilt hatte, durfte Andreas nicht dabei sein (Mk 5,37). Dieses Mal aber ist es anders, Andreas sieht ja, wie schlecht es Jesus geht, wieviel Angst er hat. Gern hätte er ihm näher beigestanden. So bleibt er enttäuscht, ja ein wenig verletzt zurück. Warum will Jesus seinen Bruder, aber nicht ihn um sich haben in so einer dramatischen Situation? Ist er nicht gut genug, nicht schlau genug, erwartet Jesus nicht, dass er ihm irgendwie helfen könnte, Simon Petrus aber schon? Das tut weh.

Und dann kommt das ganze Entsetzen über die Verhaftung. Hilflos steht Andreas dabei, als Judas, den sie doch so gut kennen, Jesus als Verräter brandmarkt. Die Schergen der römischen Besatzer kommen mit ihren Waffen und sie stehen daneben, können nichts tun, um Jesus zu verteidigen, ihn zu retten vor dem Grauen, das da zu erahnen ist. Am schlimmsten für Andreas fühlt sich an, was nach der Verhaftung geschieht. Sein Bruder Simon, der eben noch gesagt hatte, er würde lieber sterben als Jesus verleugnen (Mt 26,35), macht genau das! Als er gefragt wird, ob er zu den Anhängern von Jesus gehört, schwört Simon: »Ich kenne den Menschen nicht.« (Mt 26,69ff.)

Was folgt, ist ein Albtraum. Von Ferne sieht Andreas, wie Jesus langsam stirbt, schwer gefoltert an diesem Kreuz. Es tut ihm so weh. Er kann nicht helfen, er findet keine Worte und zieht sich immer mehr in sich selbst zurück.

Nach dem Tod Jesu bleiben sie zusammen. Und Simon Petrus beginnt sofort eine Führungsrolle zu übernehmen. Er sorgt für die Nachwahl eines zwölften Apostels, Judas hat sich nach seinem Verrat ja das Leben genommen. Simon Petrus wird nach der Ausgießung des Heiligen Geistes eine große Rede halten. Er wird den Vorsitz übernehmen, ja er wird die Führungsfigur für die Jerusalemer Gemeinde.

Andreas bewundert einerseits seinen Bruder dafür. Aber er ist auch befremdet. Hallo, ist das nicht Simon Petrus mit seiner ewigen Angst, seinen Fragen, seiner Skepsis und auch derjenige, der gesagt hat, er kenne Jesus gar nicht? Der spielt sich jetzt auf als der große Wortführer? Manchmal hat Andreas das Gefühl, seinen Bruder nicht mehr wiederzuerkennen …

Auch Andreas wird auf seine Weise von Jesus erzählen, ja am Ende wird er für seinen Glauben an Jesus mit dem Tod bezahlen. Aber dieses aufbäumende Wesen des Bruders fehlt ihm, diese tiefen Emotionen, das Ringen, das Charisma, die Redegabe.

Sie sind einen gemeinsamen Weg gegangen, die beiden Brüder. Sie glauben an dieselbe Sache, ja sie werden ihr Leben dafür geben. Aber es wächst eine gewisse Fremdheit. Manchmal scheint es Andreas, als beobachte er den Bruder fast von Ferne. Er sieht ja, wie er streitet um die rechte Lehre. Fischer sind wir, möchte er manchmal rufen, vergiss das nicht, Simon. Er erlebt mit, wie Simon ins Gefängnis geht und die ganze Gemeinde für ihn betet (Apg 12,5). Ja, er muss zugestehen, Simon Petrus ist der Anführer, er ist tatsächlich zu dem geworden, was Jesus in ihm gesehen hat, der Fels, an dem andere sich festhalten und orientieren. Das lässt Andreas manchmal mit Staunen und Befremden zurück. Seine Gaben sind das nicht, er hat nicht diese Führungsqualität. Und manchmal wird er neidisch oder eher ein wenig wehmütig, wenn er sieht, wie nahe sich Jakobus und Johannes sind. Diese beiden Brüder scheinen sich ständig auszutauschen, zu beraten, sie sind wie eineiige Zwillinge. Schade eigentlich, er wäre manchmal auch gern so vertraut mit Simon, doch da sind so viele andere, die sich um ihn scharen, Rat von ihm suchen, ihn auch bewundern.

Aber mit den Jahren findet er seine Rolle. Er kann den Bruder neidlos vorn in der ersten Reihe sehen und sich im Hintergrund. Und seine Anerkennung bekommt Andreas ja auch. Menschen hören ihm zu, bewundern ihn, weil er Jesus leibhaftig erlebt hat. Nachdem er in Patras die Ehefrau des Statthalters zum christlichen Glauben bekehrt hat, wird er an einem Kreuz mit schrägen Balken zu Tode gefoltert. Das Andreaskreuz an Bahnübergängen wird an ihn erinnern und er wird als Apostel von Kleinasien, Russland und Rumänien verehrt werden. Der unscheinbarere, eher zurückhaltende Bruder war er, ja. Aber er hat seine ganz eigene Lebensleistung erbracht.

Ob Simon manchmal an ihn gedacht hat, als ihre Wege auseinander gingen? Vielleicht hätte er sich manchmal Zeit nehmen sollen, mit Andreas zu reden, sich Rat zu holen, bevor er Entscheidungen traf. Aber er war so in seiner Rolle aufgegangen, so engagiert, so euphorisch. Da blieb wenig Zeit. Schade eigentlich, sie waren sich so vertraut seit Kindertagen.

Eines Tages wird auch Petrus gekreuzigt, und zwar in Rom unter dem Kaiser Nero. Er wird mit dem Kopf nach unten hingerichtet. Am Ende haben beide Brüder eher ihr Leben gegeben als Jesus zu verleugnen …

Andreas und Simon Petrus

Die Schwester von Paulus

Von Entfremdung und Annäherung

Apg 23,12ff.

In der Bibel heißt es: »Als aber der Sohn der Schwester des Paulus von dem Anschlag hörte, ging er und kam in die Burg und berichtete es Paulus.« (Apg 23,16) Wir wissen nicht, wie die Schwester des Apostels hieß, nennen wir sie Sophia. Sie kommt nur dieses eine Mal in der Bibel vor, aber anscheinend sorgt sie sich um den Bruder. Ja sicher ist sie völlig verzweifelt. Sie weint und klagt. Ihr Bruder wurde verhaftet und sie kann gar nichts tun.

Stellen wir uns die Geschichte vor: Ruben, so will ich den Neffen des Apostels Paulus gern nennen, ist aufgeregt. Er war am Abend ganz entspannt in einer Kneipe in Jerusalem, als ein Freund sich zu ihm setzte und ihm zuflüsterte, es gebe eine Verschwörung, seinen Onkel zu ermorden. Von ihm habe er das nicht, warnt ihn der Freund. Aber er sei sich ganz sicher, er habe seinen Vater und dessen Bekannte belauscht, da gebe es keinen Zweifel.

Ein Anschlag ist geplant, ein Attentat auf Rubens Onkel Paulus! Das schockiert den jungen Mann zutiefst. Sofort verlässt er die Kneipe, er muss etwas tun, um Onkel Paulus zu schützen. Dieser Anschlag muss verhindert werden, das ist Ruben klar.

Ruben rennt zum Gefängnis in der Burg Antonia. Er muss den Onkel warnen, ja er muss die Wachen, die Betreuer warnen, dass sich da etwas zusammenbraut. So eine Verschwörung ist nicht zu unterschätzen, es sind unsichere Zeiten, aber gerade durch die Gefahr, die überall lauert, werden manche auch leichtsinnig oder sagen wir, abgestumpft. Wer jeden Tag mit einem Attentat zu rechnen hat, ist nicht mehr ganz so aufmerksam. Das schaffen auch die Wachen nicht, ununterbrochen ganz und gar konzentriert zu sein.

Ruben kennt sich aus in Jerusalem, schon lange lebt er hier. Zum Glück ist der Onkel ja wie Ruben und seine Familie römischer Bürger. Auch als ihm Hochverrat vorgeworfen wurde, gab es milde Haftbedingungen. Ja, er wird zu diesen merkwürdigen Leuten gezählt, die sich Christen nennen. Und ja, er ist eigentlich und sowieso Jude, ganz egal, was er von diesem anderen Juden, diesem Jesus denkt. Irgendwie spinnert das Ganze, findet Ruben.

Aber Ruben mag seinen Onkel einfach sehr gern. Damals, als sie noch in Tarsus lebten, war er oft bei ihnen zuhause. Manchmal hat er ihn mitgenommen zu Wettkämpfen in der Arena oder auf den Markt, wo Leute debattiert haben, das war toll. Der Onkel kann sogar Griechisch, das hatte er in der Schule gelernt. Ruben hat das fasziniert. Der Onkel hat ihm eine Welt gezeigt, die über das jüdische Leben in der Familie und der Gemeinde hinausging.

Aber dann bekam der Vater eine neue Stelle und sie zogen nach Rom. Die Mutter bekam immer wieder Nachrichten von zuhause, wenn jemand zu Besuch kam. Ihr Bruder Saulus war zu einer respektierten Person in der Jerusalemer Gemeinde geworden. Und er legte sich an mit einer merkwürdigen Sekte, die behauptet, ein gekreuzigter Jude sei Gottes Sohn. Stolz war Sophia auf ihren Bruder. So ein Unsinn muss von Anfang an bekämpft werden, sonst folgen ihm noch viele Menschen. Saulus war da ganz klar, Recht musste Recht bleiben, Aufruhr bestraft werden.

Aber dann ist Saulus irgendetwas passiert, in der Nähe von Damaskus hatte er offenbar einen Unfall. Tagelang hört Sophia nichts von ihm, die ganze Familie ist in Aufruhr. Und dann, ja dann ist er offenbar zurückgekommen und war irgendwie ganz anders. Als wäre er einer Gehirnwäsche unterzogen worden. Auf einmal will er diese Christen nicht mehr verfolgen, sondern sagt, dass Jesus von Nazareth, dieser gekreuzigte Jude, den Weg zu Gott aufzeigen würde. Sophia, ihre Eltern, ihr Mann, sie sind fassungslos. Was ist nur mit Saulus passiert? Und jetzt nennt er sich auch noch mit seinem römischen Namen Paulus, läuft herum, predigt geradezu. Er reist überall herum und erklärt, dieser tote Jesus von Nazareth sei der Messias, den die Propheten der Heiligen Schrift verheißen haben. Apostel nennt er sich. Und er sagt, nicht nur Frauen und Männer jüdischen Glaubens, sondern alle, auch die Heiden seien Gottes Kinder. Was ist denn nur passiert? Sophia macht sich große Sorgen.

Jahre später dann wird Paulus tatsächlich nach Rom gebracht – als Gefangener! Sophia kann sich nicht freuen, sie ist außer sich. Wie peinlich ist das denn! Ihr Bruder ein Verbrecher? Sie will ihn nicht besuchen, was sollen nur die Nachbarn denken? Ein Verwandter im Gefängnis – das ist auch heute noch unangenehm. Es wird lieber verschwiegen, verheimlicht. Viele Familien tun sich schwer damit. In Deutschland sind es zwar immer weniger Menschen, weil – anders als manche meinen – die Zahl der Straftaten stetig zurückgeht. Aber es sind immer noch rund 60.000. Die meisten von ihnen haben Angehörige, die damit leben müssen.

Aber Ruben ist neugierig, er will das alles verstehen. Er ist irgendwie neugierig. Es fasziniert ihn, dass der Bruder seiner Mutter offenbar ein so bedeutender Mann ist.

Und so besucht er Paulus. Der Onkel freut sich, als Ruben zu Besuch kommt. Er muss lächeln, der junge Mann sieht seiner Schwester so ähnlich! Gern hätte er sie auch gesehen, aber er versteht, wie durcheinander sie ist. In der Gemeinde wird sie es schwer haben: Ein Glaubensverräter, ein Verbrecher als Bruder, das macht das Leben nicht leicht.

Als römischer Bürger wird Paulus von den Wachen respektiert hier in Rom. Er wird zwar bewacht, ja oft ist er sogar angekettet, aber in seiner Wohnung kann er sich relativ ungestört bewegen. Und Ruben sitzt voller Anspannung dabei, wenn sein Onkel den Mitgliedern der jüdischen Gemeinde, die kommen und ihn befragen, von Jesus erzählt. »Die einen ließen sich überzeugen von dem, was er sagte, die andern aber glaubten nicht.« (Apg 28,24)

Obwohl: Da fangen die Fragen an. Bei denen, die sich Christen nennen, waren einige vorher Juden, andere römische Staatsbürger und Juden wie Onkel Paulus, andere aber sind gar keine Juden, manche noch nicht einmal Römer, sondern einfach nur Sklaven von irgendwoher. Seit der Onkel hier in der Stadt inhaftiert ist, spürt Ruben eine prickelnde Anspannung in der Gemeinde. Paulus wird ja geradezu als Gefahr für den Glauben angesehen!

Ruben erzählt dem Onkel, was er gehört hat. Paulus reagiert ruhig und nachdenklich. Ja, das kann sein, dass Menschen, die seine Meinung nicht teilen, ihn am liebsten ermorden wollen. »Aber«, sagt er zu seinem Neffen, »das können wir am Ende nicht verhindern, das liegt doch in Gottes Hand. Ich habe nichts Böses getan. Für mich war nur dieses Erlebnis in Damaskus so eindrücklich, dass ich überzeugt bin, Jesus von Nazareth ist Gottes Sohn. Und Jesus war absolut dagegen, dass Menschen zu den Waffen greifen. Am Ende ist er selbst ohnmächtig und hilflos gestorben und fand das besser, als wenn seine Anhänger sich in einen Krieg mit den Feinden begeben hätten. Nächstenliebe, die so absurd erscheint in der Welt, sie war das Markenzeichen von Jesus. Und dabei will auch ich bleiben. Selbst wenn ein Anschlag geplant ist, ich werde mich nicht wehren.«

Ruben ist fasziniert und beeindruckt. Das ist doch mal richtiger Mut! Andere hätten sicher gesagt: Besorg mir eine Waffe, aber ganz schnell. Er mag diesen merkwürdigen Onkel nicht nur, das geht über das Geheimnis, die Gefahr, die am Anfang so anziehend war, hinaus. Er erzählt seiner Mutter davon, doch die schüttelt nur den Kopf. Was für ein Unfug! Aber sie gibt Ruben immer wieder gutes Essen mit für Paulus und frische Wäsche auch, schließlich ist er ihr Bruder. Ja, Sophia macht sich Sorgen. Und es freut sie ein wenig, dass sie sieht, wie Ruben sich ihrem Bruder annähert. Auch wenn sie gewiss nicht alles versteht, so bleibt sie ihrem Bruder doch nahe über all die Gräben von Unverständnis und Entfremdung hinweg.

Nach zwei Jahren wird der Prozess einfach niedergeschlagen. Paulus verabschiedet sich von Ruben, er will Rom verlassen und durch Griechenland reisen, um von Jesus von Nazareth und von Gott zu erzählen. Ruben hört immer mal Gerüchte, einige sagen sogar, er wäre nach Rom zurückgekommen und getötet worden. Kam es also doch noch zu dem Anschlag, vor dem Ruben warnen wollte? Er weiß es nicht. Aber die zwei Jahre, in denen er seinen Onkel regelmäßig besucht hat, wird er nie vergessen.

Seine Mutter Sophia bedauert bis zuletzt, dass sie nicht den Mut hatte, ihren Bruder zu besuchen. Warum war das eigentlich so? Ja, sie hat sich geschämt, weil er plötzlich in dieser Sekte gewesen ist. Sie war auch wütend auf ihn, denn früher war sie so stolz, sie konnte nicht verstehen, was aus ihm geworden war. Sein ganzes Gerede wollte sie auch nicht hören, sie war so fest in der jüdischen Tradition verwurzelt, und ja, es war ihr peinlich, dass ihr Bruder so wirres Zeug redete. Dass er auch noch verhaftet wurde! Sie waren doch so stolz, aufrechte römische Bürger zu sein. Aber jetzt denkt sie manchmal: Er ist und bleibt doch mein Bruder. Ich hätte ihn sehen sollen, ihn einmal in den Arm nehmen können, ganz egal, was er tut oder denkt. Wir waren doch zusammen als Kinder, das kann uns niemand nehmen. Ein Glück, dass wenigstens Ruben die Verbindung gehalten hat!

Paulus schreibt an die Schwester Aphia

Geschwister im Glauben

Der große und berühmte Apostel Paulus hat sie in seinem Brief an die Gemeinde persönlich erwähnt! Aphia ist ganz außer sich, als der Brief verlesen wird nach dem Gottesdienst. Die Leute schauen sie an. Erst ist ihr das unangenehm – wer bin denn ich? Und als Frau sollte ich mich nicht allzu sehr hervortun, wie peinlich. Aber dann ist sie auf einmal richtig stolz! Hier in Kolossä sind sie zwar nur eine ganz kleine Gemeinde, die an Jesus glauben, aber für sie als Frau ist das natürlich eine Aufwertung vor den anderen. »Schwester Aphia«, das klingt doch gut! Paulus weiß, wer ich bin, er kennt mich beim Namen. Großartig, sie ist bewegt in ihrem Herzen. Beschwingt geht sie nach Hause und denkt weiter nach.

Paulus ist also ihr Bruder im Glauben. Das hat am Ende doch Jesus möglich gemacht. Er hat sich ja als Sohn Gottes verstanden. Viele fanden, das sei Gotteslästerung, was bildet sich denn dieser Zimmermannssohn aus Nazareth ein! Aber was Jesus empfunden hat, ist ja dann gar nicht exklusiv. Wir alle sind Söhne und Töchter Gottes! Aphia fasziniert der Gedanke. Denn Söhne und Töchter sein, heißt ja nicht, dumm sein, sich demütigen, sondern aufrecht und vertrauensvoll miteinander sprechen wie in einer guten Familie am Küchentisch. Gott, Vater, Gott, Mutter, mit dir kann ich reden über mein Leben, über meinen Glauben, Fragen stellen, zweifeln, Glück und Leid teilen. Ich bin dein Kind. Auf dich verlasse ich mich, dir vertraue ich. Das ist ein schönes Lebensgefühl. Es macht Aphia glücklich, eine so innige Beziehung zu Gott haben zu dürfen, die kindlich, aber nicht kindisch ist. Sie fühlt sich in ihrer Beziehung zu Gott geborgen und ist einfach nur froh, von Jesus von Nazareth gehört zu haben.

Ja und die anderen, die ebenso Geschwister Jesu sind, das sind ja dann wirklich auch ihre Schwestern und Brüder im Glauben. Da kann es keine Höhergestellten und weniger Wichtigen mehr geben, das scheint Aphia klar. Und das schreibt Paulus ja auch in seinem Brief: Der entlaufene Sklave Onesimus, den sollen sie als Bruder im Glauben wieder aufnehmen. Er hat sich bekehrt zu Jesus, er ist jetzt einer von ihnen. Oje, ob Philemon das wirklich akzeptieren wird? Entlaufene Sklaven werden normalerweise schwer bestraft, gefoltert, verstümmelt. Und den sollen sie in der Gemeinde jetzt als Bruder ansehen? Na, das wird ja spannend werden! Philemon redet gern und viel vom Glauben, aber das wird bestimmt eine riesige Herausforderung für ihn.

Aphia kennt einen anderen Brief des Apostels Paulus. Da schreibt er an die ganze Gemeinde in Korinth, und die war groß. Immer wieder nennt er sie Brüder und Schwestern. Aber dann sagt er auch: Die Frauen sollen schweigen in den Gemeindeversammlungen (1. Kor 14,34). Hallo, was soll das denn? Sind wir nun Brüder und Schwestern, dann sind wir doch gleichgestellt! Bei ihr zuhause jedenfalls mussten sie und ihre Schwester nicht schweigen, auch ihre Mutter ganz gewiss nicht. Alle miteinander haben sie diskutiert. Wenn die Gemeinde also eine von Schwestern und Brüdern sein soll, dann gibt es doch nicht die einen, die dauernd reden dürfen, und die anderen, die zu schweigen haben. Aphia hatte das auch aus den Erzählungen von Jesus ganz anders verstanden.

Er hat den Frauen doch zugehört, mit Maria und Marta hat er diskutiert, er hat nie gesagt, dass die Männer mehr wert sind als die Frauen, nie hat er einer Frau gesagt, sie soll schweigen. Er hat Frauen vielmehr zum Reden und zum eigenständigen Nachdenken ermutigt, selbst diese Ausländerin damals am Brunnen (Joh 4)!

Ist dieses ganze Gerede von Schwestern und Brüdern bei Paulus vielleicht nur eine Masche? Will er die Frauen in der Gemeinde damit einlullen nach dem Motto: Wir finden euch ganz wichtig, klar, aber ihr ordnet euch besser unter, so wie es Sitte und Brauch ist? Ihr dürft dabei sein, ihr könnt kochen und putzen, aber das Reden, das überlasst mal denen, die etwas davon verstehen! Oh ja, denkt Aphia, den Männern in der Gemeinde würde das sehr gut gefallen, all das Gerede von Bruder und Schwester hin oder her!

In einem anderen Brief an die »Brüder und Schwestern« in Galatien hat Paulus etwas geschrieben, was Aphia bewegt, seit sie es gelesen hat: »Denn ihr seid alle durch den Glauben Gottes Kinder in Christus Jesus. Denn ihr alle, die ihr auf Christus getauft seid, habt Christus angezogen. Hier ist nicht Jude noch Grieche, hier ist nicht Sklave noch Freier, hier ist nicht Mann noch Frau; denn ihr seid allesamt einer in Christus Jesus.« (Gal 3,26-28) Da, denkt Aphia, könnten wir doch fast Jesus selbst sprechen hören, Paulus ist in dieser Briefpassage offenbar mal ganz frei von seinen ewigen Ängsten und Zwängen. Wir sind alle eins, schreibt er. Wir können uns auf Augenhöhe begegnen, ganz egal, ob wir jüdischer oder anderer Herkunft sind, ob wir Sklaven sind oder freie Bürger, ob wir

Frauen oder Männer sind. Das ist doch eine wunderbare Vision: Wir könnten alle miteinander in Frieden leben. Keiner müsste sich hervortun, niemand müsste um die Leitung der Gemeinde kämpfen, Hierarchien würde es nicht geben. Schöne Ideen sind das, genau deshalb gefällt Aphia die Botschaft dieses Jesus von Nazareth, deshalb hat sie sich der Gemeinde angeschlossen. Hier gibt es Visionen von einem Zusammenleben in Frieden und Gerechtigkeit statt dieser ewigen Kämpfe, wer Recht hat, wer der Bessere, Stärkere, Wichtigere ist.

Aber sie macht sich nichts vor: Die Realität ist anders. Philemon hat sich längst als Leiter der Gemeinde aufgespielt. Und ob der Onesimus ungestraft davonkommen lässt, das bezweifelt sie. Aphia muss fast lachen bei dem Gedanken, dass Philemon jetzt zu seinem ehemaligen Sklaven »Bruder Onesimus« sagt. Das wäre doch geheuchelt, es würde echt nicht stimmen. Ja, die Idee ist schön: eine Gemeinschaft von Schwestern und Brüdern, eng verbunden, ohne Konkurrenzgedanken, Geschwister, die einander lieben ohne Vorurteile und voller Vertrauen. Sie alle gemeinsam Kinder in der Familie Gottes, »adelfoi« (Röm 8,12f.)[8], wie die Griechen sagen, Geschwister, ja sogar Geschwister Jesu.

In den Kirchen ist es heute oft üblich, sich gegenseitig mit »Schwester« oder »Bruder« und dem Nachnamen anzusprechen. Manchmal kann das ein schönes Zeichen von Verbundenheit sein. Manchmal aber werden damit

---

8 Vgl. Claudia Janssen, Christus und seine Geschwister, in: Christus und seine Geschwister, hg. v. Marlene Crüsemann und Carsten Jochum-Bortfeld, Gütersloh 2009, S. 64ff.

auch Konflikte weichgespült oder es klingt etwas verlogen, weil von Augenhöhe keine Rede sein kann. Aber der Gedanke, dass alle sich auf Augenhöhe begegnen, der klingt mit. Allerdings ist »Schwester« mit Blick auf Krankenschwestern ja auch eine übliche Anrede. Interessanterweise werden aber männliche Pfleger nicht mit »Bruder« angesprochen. Ob da doch auch heute eine Herabstufung in der Schwesternanrede mitschwingt?

Aphia ist eine Frau, die mitten im Leben steht. Die Idee findet sie schön, der Mensch muss ja auch Träume, Visionen haben. Aber sie kann damit leben, dass am Ende Menschen menschlich sind. Das hat ja schließlich Jesus selbst auch so erfahren. Er wurde verraten, belogen, verleugnet, und trotzdem hat er die Menschen geliebt. Aphia nimmt sich vor, das genau so auch zu machen. Sie wird die anderen nicht mit »Bruder« oder »Schwester« anreden, irgendwie käme ihr das verlogen vor. Aber diese Hoffnung, dass sie so vertrauensvoll wie Geschwister zusammenleben könnten, und die Idee, dass in der christlichen Gemeinde Männer und Frauen, Sklaven und Freie, Erfolgreiche und Arme sich wirklich gegenseitig wertschätzen und respektieren, die wird sie umsetzen – und sei es nur in kleinen Schritten.

Für Suchende, Glaubende und Zweifelnde